Gisela Zimmermann

Ein Engel dir zur Seite

Gisela Zimmermann

# *Ein Engel* dir zur Seite

Von den stillen Begleitern
auf unseren Wegen

HERDER
FREIBURG · BASEL · WIEN

Sonderausgabe 2004
3., durchgesehene Auflage der Gesamtauflage

Umschlagmotiv: Ohne Titel, © Hemera 2001


www.herder.de
Innengestaltung: Weiß – Grafik & Buchgestaltung, Freiburg
Druck und Einband: fgb · freiburger graphische betriebe
www.fgb.de
Gedruckt auf umweltfreundlichem,
chlor- und säurefrei gebleichtem Papier
Printed in Germany
ISBN 3-451-28491-X

# *Inhalt*

# *Spurensuche*

Über Engel, die Boten Gottes, nachzudenken und ihren Spuren zu folgen ist sicherlich lohnenswert. Viele verbinden mit den Engeln unterschiedlichste Erwartungen. Es erscheint mir daher sinnvoll, den Ursprüngen nachzugehen. In der Bibel, im Zeugnis der Kirchen, in Literatur und Kunst begegnen wir Gottes Boten in vielfältiger Weise. Zur Spurensuche gehört, sie heute und hier auch im Handeln und Leben der Menschen aufzuspüren. Dies bedarf der Einübung. Beglückend ist es, auf dem Weg der Spurensuche zu erkennen, wie sehr Gottes und der Engel heilsames Wirken in dieser Welt die Menschen hält und trägt.

GISELA ZIMMERMANN

OSTERN 2001

# Warum ich dir einen Engel wünsche

Nur mit dem Herzen sehe man gut, befand Antoine de Saint-Exupérys »Kleiner Prinz«. Wie wir Wirklichkeit wahrnehmen und was wir als wirklich erfahren, hängt sehr von unserer inneren Verfassung ab. Wir nehmen nicht alles wahr, was andere sehen. Und wer weiß nicht aus eigener Erfahrung, dass ein offenes Herz urplötzlich Dinge entdeckt, die ihm zuvor entgangen waren? Dies gilt besonders für Dimensionen der Wirklichkeit, die nicht messbar und greifbar sind. So ist es etwa mit der Liebe, mit der uns etwas geschenkt wird: Sie ist mehr und anderes als die Gabe, sie ist nicht sichtbar, und doch nimmt ein sensibles Herz sie wahr.

Vielleicht hat unser Gespür für das Unsichtbare in unserer wissenschaftlich-technisch geprägten Welt gelitten. In unserer Zeit wollen sich viele nur auf das verlassen, was sie sehen; sie suchen ihre Kraft und Stärke allein in dem, was sie selbst leisten und aus sich heraus erreichen können. Für Engel ist kein Platz in ihrer Welt. Sie werden kurzerhand in die Bereiche des Mythischen, der Legende, des Märchenhaften verwiesen. In einem Gedicht nimmt die Nobelpreisträgerin Nelly Sachs diese Beobachtung auf:

»Ihr Ungeübten,
die in den Nächten nichts lernen,
viele Engel sind euch gegeben,
aber ihr seht sie nicht.«

Vielfach wird nicht mehr damit gerechnet, dass Gott auch heute noch wie zu den Menschen der Bibel sprechen kann. Vielleicht sollen wir wieder sensibler werden und erkennen, dass nicht nur Sichtbares und Berechenbares unser Leben bestimmen.

Nach einer Zeit der Vergessenheit erleben die »Engel« seit Jahren eine Art Renaissance, auch in manchen Formen esoterischer Religiosität. Der uralte Glaube an Engel, der in vielen Religionen eine große Rolle spielt, ist heute neu erwacht.

Dieser Glaube ist freilich kein jüdisch-christliches Privileg, wenn wir im Alten und Neuen Testament ihrer Existenz begegnen. Dort haben sie allerdings eine untergeordnete Rolle und gehören zur »unsichtbaren Welt«. Diese ist Teil der Schöpfung und hat so nur von Gott her und zu ihm hin Wert und Bedeutung. Weil die Engel einen unmittelbaren Bezug zur Nähe Gottes haben, können sie den Menschen Wertvolles über Gott, sein Walten in dieser Welt und über das Leben sagen.

Am Engelglauben festzuhalten war schon MARTIN LUTHER wichtig: »Es ist notwendig und nützlich, dass bei dem Christen ein rechtes Verständnis von den Engeln bleibe, damit das junge Volk nicht aufwachse und weder lerne noch wisse, was die lieben Engel vorhaben oder machen. Sie sollen aber Freude daran haben und Gott dem Herrn für diese Wohltat danken.« Das Wesen der Engel wird erst dann richtig erkannt, wenn es im ursächlichen Zusammenhang mit Gott gesehen wird: Er bedient sich der Engel. Eine Vielzahl von Engeln umgibt ihn wie ein »himmlischer Hofstaat«; sie dienen und ehren ihn. Durch seine Engel tritt er in das Leben der Menschen ein und zeigt ihnen, dass er ihnen nahe ist.

Auftrag und Wesen der Engel werden durch den Namen verdeutlicht: Engel, griechisch *angelos,* heißt Bote. Engel sind Boten, die Gott zur Verfügung stehen. Dem griechischen Wort entspricht das hebräische *ma'lak.* Dieser Begriff wird auch für menschliche Boten verwendet (vgl. Genesis 32,2): *ma'lak,* das ist der Überbringer einer Botschaft. Ihre Botschaft heißt: Gott ist da und greift ein, er schenkt Mut und verleiht Kraft, er lässt Gericht ankündigen, aber auch große Freude. Immer stehen diese Boten im Dienst ihrer Sendung; sie entschwinden, sobald der Auftrag erfüllt ist.

Dass der Auftrag, Boten Gottes zu sein und auf ihn zu verweisen, im Vordergrund steht, unterstreichen die uns geläufigen Engelnamen:

Michael – wer ist wie Gott?

Raphael – Gott heilt.

Gabriel – Kraft Gottes.

So geht es nicht darum, sich an Engel zu binden, sondern ihre Botschaft zu vernehmen: Gott ist den Menschen nah. Der Alttestamentler Claus Westermann schreibt in seinem Buch *Gottes Engel brauchen keine Flügel:* »Käme kein Engel mehr, dann ginge die Welt unter. Solange Gott die Erde trägt, schickt er seine Engel. Die Engel sind älter als alle Religionen, und sie kommen auch noch zu den Menschen, die von Religionen nichts mehr wissen wollen.«

Die Engel und ihre Aufgaben werden vielfältig dargestellt. Wir kennen sie als »himmlische Heerscharen« und als Schutzengel oder, wie Walter Nigg es treffend formuliert hat, als »Begleitengel«. Als Engel des Herrn, als Erzengel und Engelmächte, als Engelfürsten, Engelgruppen, Cherubim und Serafim begleiten sie das Heilshandeln Gottes, das sich wie ein roter Faden vom Anbeginn der Schöpfung bis zum Jüngsten Tag hinzieht. Die Beschreibungen als Serafim (Lichtengel) und Cherubim (das Paradies bewachende Engel) kommen der Vorstellung von den »geflügelten Boten« nahe. In Psalm 104 lesen wir: »Du fährst auf den Wolken wie auf einem Wagen und kommst daher auf den Fittichen des Windes, der du machst Winde zu deinen Dienern« (Psalm 104,2f; vgl. Hebräer 1,7). »Flügel« gehören zum Engelbild; sie versinnbildlichen die Aufgabe, den Abstand zwischen Gott und den Menschen zu überwinden und unterstreichen die Beweglichkeit der Boten.

In den biblischen Erzählungen begegnen uns die Himmelsboten an entscheidenden Wendepunkten: bei der Vertreibung Adams und Evas aus dem Paradies, in der Überlieferung von Abraham, mit dem die Heilsgeschichte beginnt, bei Bileam und Tobias, bei Elija, Ijob und den Propheten Daniel und Jesaja: Gottesmännern, die auf Weisung angewiesen waren.

Die bekanntesten Engelszenen des Neuen Testaments stehen im Zusammenhang mit der Ankündigung der Geburt, dem Leben und Sterben Jesu: Der Engel Gabriel verheißt Maria die Geburt des Immanuel. Wie ein heller Lichtstrahl in der Dunkelheit erscheint die Verkündigung der Geburt Jesu auf dem Hirtenfeld bei Betlehem: Ihre Botschaft »Fürchtet euch nicht« ist bis heute aktuell. Liebevoll und zart inspiriert der Engel im Traum Josef zum rechten Handeln. In den tiefsten Tiefen weiß Jesus sich von den »guten Mächten« des Vaters umgeben. Engel begegnen uns in den Leidensberichten und in den Ostererzählungen. Sie verkünden die Botschaft der Auferstehung und versetzen die verstörten Jünger Jesu in Aufbruchstimmung. Auch am Aufbau der christlichen Gemeinde sind Engel beteiligt: Petrus wird aus dem Kerker befreit; Paulus erfährt überwältigend den Ruf in die Nachfolge Jesu. Im Wirken des Paulus über die Grenzen Israels hinaus stehen Engel an seiner Seite, die ihm Wegweisung und Stärkung zuteil werden lassen. Die Vision des Johannes lässt keinen Zweifel, dass auch am Jüngsten Tag Gottes Engel der Sache Gottes zum sieghaften Ende verhelfen werden.

Überblicken wir die biblischen Aussagen über Engel, so zeigt sich die große Spannbreite ihres Auftrags: Sie dienen Gott, führen Gottes Befehle aus; sie verkünden Botschaften; sie beschützen und begleiten; sie kämpfen, trösten und stärken; sie führen zu Gott, nehmen Anteil am Heilswirken Gottes an den Menschen. Diese werden durch den Kontakt und durch den Zuspruch der Engel selbst zu Boten Gottes. Oft kommen Engel unerkannt. Sie gehören zu Gott, dessen Nähe sie anzeigen, sie spiegeln seinen Lichtschein wider.

Einen breiten Raum nimmt in der Volksfrömmigkeit der Schutzengel ein. Davon zeugt noch die Redewendung: »Da hast du aber einen guten Schutzengel gehabt!« Dabei denken die meisten an eine glückliche Fügung, vielleicht auch an einen Menschen, der für sie zum Schutzengel geworden ist. Ein schöner Gedanke: Einer kann dem anderen zum Engel werden. Viele kleine und manche bedeutende Begegnungen werden im Nachhinein als Engelbegegnungen erkannt.

Die Beobachtung, dass Menschen für andere zu Gottesboten werden können, hat in einem weithin bekannten Gedicht Rudolf Otto Wiemers Ausdruck gefunden:

»Es müssen nicht Männer mit Flügeln sein,
die Engel.
Sie gehen leise,sie müssen nicht schrein,
oft sind sie alt und hässlich und klein,
die Engel.
Sie haben kein Schwert, kein weißes Gewand,
die Engel.
Vielleicht ist einer, der gibt dir die Hand
oder er wohnt neben dir, Wand an Wand,
der Engel.
Dem Hungernden hat er das Brot gebracht,
der Engel.
Dem Kranken hat er das Bett gemacht,
und er hört, wenn du ihn rufst in der Nacht,
der Engel.
Er steht im Weg und er sagt: Nein,
der Engel,
groß wie ein Pfahl und hart wie ein Stein –
es müssen nicht Männer mit Flügeln sein,
die Engel.«

Es sind besondere Momente, die uns Hintergründe unseres Lebens enthüllen. Dann wird deutlich: Wir sind längst nicht immer allein unseres Glückes Schmied; wir verdanken es einem anderen, einem Engel in menschlicher Gestalt oder unserem »Begleitengel« – und letzten Endes und zuallererst Gott, dem Geber aller Gaben. Der »Schutzengel« verfolgt keinen Selbstzweck. Er ist Ausdruck der ganz nahen und persönlichen, nur mir geltenden Liebe Gottes. Das ist das Große und Einzigartige seiner Liebe: Sie gilt gleichermaßen allen, jedem Einzelnen, ganz und einzigartig und ungeteilt. Dafür sind Schutzengel Bürgen.

Obwohl die Engel in der Bibel in der Regel als Person auftreten, wird ihr »Äußeres« sehr sparsam beschrieben. Künstler aller Stilepochen haben so ein weites Feld gefunden, in großer Freiheit Engel darzustellen und ihr Bild zu prägen. Der Engel der Romanik entspricht dem Kirchenbau: Klar und mächtig steht er vor uns. Die Gotik zeigt ihn als den Bewahrenden, der voller Innigkeit und Harmonie seine Aufgabe wahrnimmt: Ein Beispiel ist die Engelsäule im Straßburger Münster. Maßvoll und schön treten uns die Engel der Renaissance entgegen. In dieser Zeit entstehen auch die strahlend musizierenden Engelchöre. Ein Bruch mit der insgesamt nüchternen Tradition vollzieht sich im Barock, der sich mit den pausbäckigen, niedlichen Putten schmückt. Rembrandt bindet den Engel wieder stärker an Glaubensaussagen.

Das 20. Jahrhundert lässt mit der Erfahrung der beiden Weltkriege und der Schoa, dem Holocaust, keine Engelidylle mehr zu. Darstellungen von Ernst Barlach, Christian Rohlfs, Marc Chagall und anderen sind wunderbare neue Versuche, an denen sich auch der Glaube aufrichten kann.

Es heißt, Musik sei die Sprache der Engel und Tanz ihre Bewegung. »Mensch, lerne tanzen, sonst wissen die Engel im Himmel nichts mit dir anzufangen«, schreibt der große Kirchenlehrer AUGUSTINUS (354–430). Einklang aller im Lobpreis Gottes, spielerische Freude und freudiges Spiel: Das ist das Leben in der Welt Gottes, zu der der Mensch berufen ist. Die Liturgie der Christen lädt ein, schon jetzt in den Lobgesang der Engel einzustimmen: »Heilig, heilig, heilig ...« Das Gotteslob der Engel hat so seinen Niederschlag auch in der Musik gefunden. Denken wir beispielsweise an die kraftvollen Kantaten JOHANN SEBASTIAN BACHS, etwa die zum Michaelisfest:

»Bleibt ihr Engel, bleibt bei mir!
Führet mich auf beiden Seiten.
Dass mein Fuß nicht möge gleiten.«

Auf den folgenden Seiten sind Gedanken, Gedichte und Geschichten zusammengetragen, die hellhörig machen: hellhörig für jene Wirklichkeit, die unseren Augen nicht sichtbar ist. Hellhörig für die Botschaft, die Gott den Menschen über seine Boten in der Bibel und mitten im Leben zukommen lässt. Hellhorig für die Zusage: Ich bin bei dir! Hellhörig für den Klang des Himmels, einen Klang, der mitten in unserer Welt vernehmbar wird, wenn einer für den anderen zum Boten Gottes wird.
Der weit über Württemberg hinaus bekannt gewordene Pfarrer JOHANN CHRISTOPH BLUMHARDT (1805–1880) pflegte beim Abschied an der Haustüre Besuchern zu sagen: »Du, ich geb dir heut' nen Engel mit!« Damit überraschte er manchen Gast und

vermittelte zugleich ein gutes Stück Zuversicht. So direkt wie Blumhardt kann ich es nicht sagen. Trotzdem wage ich auszusprechen: »Einen Engel wünsch dir!«
Die Worte sind ausgestreut wie Saatkörner. Vielleicht geht das eine oder andere auf, vielleicht kann es etwas von jener Gewissheit aufkeimen lassen, die Dietrich Bonhoeffer in seinem eindrucksvollen Gedicht bekundet, das er an Silvester 1944, wenige Monate vor seinem Tod, verfasst hat:

»Von guten Mächten wunderbar geborgen,
erwarten wir getrost, was kommen mag.
Gott ist mit uns am Abend und am Morgen,
und ganz gewiss an jedem neuem Tag.«

*Einen Engel*
*wünsch ich dir –*
*Boten zwischen Himmel*
*und Erde*

Ich sehne mich nach Verlässlichkeit,
nach Wegweisung, nach Licht.
So erbitte ich einen Spürsinn
für deine Nähe, mein Engel.

Gisela Zimmermann

## *Engel*

Engel?
Gesehen nie.
Gehört einiges.

Manchmal –
öfter schon.
Wenn's mich gerade
so im letzten Moment
zurückhält von was,
das schlimm verkehrt wär',
dann frag ich mich doch:
Ob das ein Engel war?
Oder was sonst?
Was denn?
Etwas war's.

Hilde Roth

# *Mein Wunsch*

Wie leicht war es als Kind,
an dich, mein Engel, zu glauben.
Du standst vor mir im Licht –
als Lichtgestalt –
mit ausgebreiteten Flügeln.

Ein Bote, von Gott gesandt.
Mein ganz persönlicher Engel.
Anscheinend nur für mich da.
Und heute? Wo finde ich dich?

Hören möchte ich dich, mein Engel,
unter den vielen Stimmen,
die auf mich einreden!
Meine Ohren scheinen taub zu sein.

Sehen möchte ich dich, mein Engel.
Meine Augen suchen dich.
Viele Bilder laufen wie ein Film
an mir vorüber –
ziehen mich in ihren Bann,
lassen mich nicht los.
Meine Augen scheinen gehalten zu sein.

Ich sehne mich nach Verlässlichkeit,
nach Wegweisung, nach Licht.
So erbitte ich einen Spürsinn
für deine Nähe, mein Engel.

Dich, mein Engel, möchte ich erfahren,
ertasten können,
mich in deiner Nähe wohl fühlen,
dir vertrauen und mich unter deinen Flügeln
geborgen wissen.

Gisela Zimmermann

# *Sie heißen Angeli*

Darum haben sie auch einen feinen Namen,
dass sie heißen Angeli,
Boten oder Botschaft,
dass sie von Gott gesandt sind.
Die Schrift nennt sie nicht
nach ihrem natürlichen Wesen,
sondern nach ihrem Amt.
Darum bin ich dem Namen Engel sehr hold ...
Sie regieren, schützen und behüten uns
vor allem Übel, das tun sie fleißig und mit Freuden.

Martin Luther (1483–1546)

Einer, der uns sehr nüchtern
nach unserem Woher und Wohin fragt
und uns sehr gegen unseren Willen
dahin zurückschickt,
wo wir eben davonlaufen wollen,
kann ein Bote Gottes,
ein Engel sein.

Søren Kierkegaard (1813–1855)

# *Nicht jeder erkennt sie*

Sagt mir doch nicht,
es gäbe keine Engel mehr.
Wenn ihr die Liebe gekannt habt,
ihre rosigen Flügelspitzen,
ihre eherne Strenge.

Marie Luise Kaschnitz (1901–1974)

Nicht jeder,
der von einem Engel
erleuchtet wird,
erkennt,
von wem er erleuchtet wird.

Thomas von Aquin (um 1225–1274)

# *Dienende Geister*

Der Engel des Herrn
rührte Elija an und sprach:
»Steh auf und iss!
Sonst ist der Weg zu weit für dich.«
Da stand er auf, aß und trank
und wanderte,
durch diese Speise gestärkt,
vierzig Tage und vierzig Nächte
bis zum Gottesberg Horeb.

1 KÖNIGE 19,7F

Sind sie nicht alle (die Engel)
nur dienende Geister,
ausgesandt,
um denen zu helfen,
die das Heil erben sollen?

HEBRÄER 1,14

## *Elija – der Mann in der Wüste*

Ohn-mächtig
in die Wüste gelaufen,
in den Schutz des Strauches
und den Schlaf.

Voll-mächtig
geweckt von einem Engel,
behutsam und
ganz sacht.

Mit der Zukunft im Blick
unterwegs durch die Wüste,
geführt vom Engel und
gezogen von Gott,

und neu von Ihm
mit Macht beschenkt,
die Zukunft zu gestalten.

VERFASSER UNBEKANNT

## *Boten zwischen Himmel und Erde*

Unablässig steigen die Engel,
die Boten zwischen Gott und uns,
treue Diener, auf und nieder.
Wir sollen wissen, dass wir in dieser Welt
nicht verlassen sind,
sollen, so Gott will,
auch leiblichen Schutz
durch sie haben.
Die Engel wiederum nehmen
unsere Gebete hinauf gen Himmel
und bringen uns die Botschaft,
unser Gebet sei erhört.

Martin Luther (1483–1546)

## *Die Himmelstreppe*

Jakob zog aus Beerscheba weg und ging nach Haran. Er kam an einen bestimmten Ort, wo er übernachtete, denn die Sonne war untergegangen.

Er nahm einen von den Steinen dieses Ortes, legte ihn unter seinen Kopf und schlief dort ein.

Da hatte er einen Traum: Er sah eine Treppe, die auf der Erde stand und bis zum Himmel reichte. Auf ihr stiegen Engel Gottes auf und nieder.

Und siehe, der Herr stand oben und sprach: »Ich bin der Herr, der Gott deines Vaters Abraham und der Gott Isaaks. Das Land, auf dem du liegst, will ich dir und deinen Nachkommen geben …«

Jakob erwachte aus seinem Schlaf und sagte: »Wirklich, der Herr ist an diesem Ort, und ich wusste es nicht.«

Genesis 28,10–13.16

# *Vom Engel gestreift*

Der Auftrag ist erfüllt. Der Engel verlässt Maria wieder (vgl. Lukas 1,38). Der Engel ging fort, aber der Geist wirkte in ihr weiter; und er war es, der sie über das Gebirge trieb, um ihrer Base Elisabet zu helfen und den Lobpreis der Großtaten Gottes zu singen.

Auch wir werden immer wieder oder wenigstens manchmal vom Engel gestreift. Ein Auftrag, ein Ruf, eine Sendung, ein Geschenk der Gnade, ein Licht werden uns zuteil. Aber wir können den Augenblick nicht festhalten, es geht weiter. Und sehr oft, wenn dann der Engel uns verlässt, verpassen wir den Übergang. Das Wort mit uns tragen im Gebet, das uns zuteil ward, es so festhalten, dass daraus Öffnung für das Nächste und die Nächsten wird, sich so dem Nächsten und den Nächsten zuwenden, dass darin das Wort Gestalt wird – dies tut auch uns Not, wenn der Engel Abschied nimmt.

Klaus Hemmerle (1929–1994)

## *Wer Sinn hat für das Leise*

Wer Sinn hat für das Leise,
wer die Stille liebt
und das Laute flieht,
findet die Spuren der Engel,
hört ihre Stimme,
fängt an, ihr zu lauschen,
sie zu deuten.

Fürchtet euch nicht,
das ist der Kern ihrer Botschaft.
Evangelium.
Große Freude für alles Volk.
Auch für uns.
Heute.

Friedhelm Borggrefe

# *Eine beispiellose Kraft*

Einem jeden Menschen
ist ein Engel zugeordnet.
Diese Engel sehen allezeit
das Antlitz Gottes.
Im Glauben
an den unsichtbaren Begleiter
sind eine beispiellose Kraft
und ein Trost ohnegleichen enthalten.

WALTER NIGG (1903–1988)

Alle Vernunft ist dagegen,
und alles gesunde Empfinden
spricht dafur.

SAMUEL BUTLER ÜBER DIE ENGEL (1835–1902)

Wir
können die Engel
nicht sehen.
Aber es ist genug,
dass sie uns sehen.

CHARLES HADDON SPURGEON

# *Einen Engel wünsch ich dir –*

## *Boten der Weihnachtsfreude*

Dem Friedensgesang der Engel
ging die adventliche Bereitschaft
der Menschen voraus.

GERTRUD VON LE FORT
(1876–1971)

# *Euch rufe ich*

Er, der Engel –
der Bote Gottes,
unter uns,
bei Mensch und Tier.

Er, der Engel –
lässt aufmerken.
Mit erhobenen,
sehr großen,
unübersehbaren Händen
will er uns hineinnehmen
in das Geschehen,
in das Wunder der Weihnacht.

Euch ist heute der Heiland geboren!
Euch, ihr Trauernden,
die ihr einen lieben Menschen
hergeben musstet.
Euch, die ihr Zuflucht sucht
und nicht zur Ruhe kommt –
die ihr einsam seid
und euch nach Geborgenheit sehnt.

Euch rufe ich –
Platz genug für alle!

Gisela Zimmermann

# *Verkündigungsengel*

Nichts gehört ihm als Schwinge, Gebärde und Kleid
oder allenfalls diese Holdseligkeit.

Seine Größe geschieht,
wenn er das Große vernimmt.
Was ihn erfüllt wie ein Lied,
ist nicht für ihn bestimmt.

Tragend die Gotteskraft,
die ihn durchscheinend macht,
stürzt er sich sternenhaft
in die unendliche Nacht.

Stürzt und verhält und weht sanfter,
sodass man ihn kennt. Und er steht in dem
Mädchengelass.

Noch sind die Flügel weit auseinander gespannt.
Himmlische Goldenheit
haftet noch am Gewand.

Und sein Antlitz neigt nieder sich,
schön und erhellt.
Aber die Rechte zeigt in die andere Welt.

Zitternd wartet die Magd,
rührt nicht die Hand, nicht den Fuß.
Und er schimmert und sagt
ihr den gewaltigen Gruß.

Manfred Hausmann (1898–1986)

# *Der Engel Predigt*

Dies ist die Nacht, in der mir erschienen
des großen Gottes Freundlichkeit,
das Kind, dem alle Engel dienen,
bringt Licht in meine Dunkelheit.
Und dieses Welt- und Himmelslicht,
weicht hunderttausend Sonnen nicht.

KASPER FRIEDRICH NÄCHTENHÖFER (1624–1685)

Des Engels Predigt lautet, dass dies Kindlein unser Heiland sei, an dem wir alle Trost und Freude haben sollen als an dem höchsten Schatz; wo der ist, da sehen alle Engel und Gott selber hin. Solchen Schatz aber legt Er nicht allein der Mutter in den Schoß, sondern mir und dir und sagt: Er soll dein Eigen sein, du sollst Sein genießen, und alles, was Er hat, im Himmel und auf Erden, das soll dein sein.

MARTIN LUTHER (1483–1546)

# *Vom Himmel hoch*

Vom Himmel hoch, da komm ich her,
ich bring euch eine gute Mär;
der guten Mär bring ich so viel,
davon ich sing'n und sagen will.

Lob, Ehr sei Gott im höchsten Thron,
der uns schenkt seinen lieben Sohn.
Des freuet sich der Engel Schar
und singt uns solch ein neues Jahr.

Martin Luther (1483–1546)

Hört!
Es ist ein Wort erfüllt vor euren Ohren,
das trotzt der Übermacht
und allem Augenschein.
Dies Kind,
in diese Welt hineingeboren,
wird dieser Welt
ein Friedensengel sein.

Verfasser unbekannt

# *Große Freude*

Der Engel sagte zu den Hirten:
Fürchtet euch nicht,
denn ich verkünde euch
eine große Freude,
die dem ganzen Volk
zuteil werden soll:

Heute ist euch in der Stadt Davids
der Retter geboren;
er ist der Messias, der Herr.

Und plötzlich war bei dem Engel
ein großes himmlisches Heer,
das Gott lobte und sprach:

Verherrlicht ist Gott in der Höhe,
und auf Erden ist Friede
bei den Menschen seiner Gnade.

LUKAS 2,10.11.13F

# *Gottes Engel haben Stimme*

Der Engel –
geheimnisvolle Gestalt der Weihnachtsgeschichte.
Keiner hat ihn gesehen, aber –
was wäre Weihnachten ohne ihn?

Der Engel –
das ist der, der das Unsagbare benennt.
Der das Unerklärbare sagt.
Der das Verhüllte aufdeckt.

Ohne seine Stimme
wäre das Kind in der Krippe
nur ein Kind der Armut geblieben.
Seine Stimme deutete:
Euch ist heute der geboren, der Heilung bringt.
Geht hin und schaut.

Werden wir die Stimme der Engel hören,
die heute erklären, deuten, hinweisen?

Engel –
gibt es nicht nur damals.
Gottes Engel haben gewiss keine Flügel,
aber sie haben Stimme.
Man kann sie hören.

Wenn ich nun einen Engel sehe –
in welcher Form und Gestalt auch immer,
am Weihnachtsbaum oder über einer Krippe,
dann will ich daran denken:

Gottes Engel haben Stimme.
Man kann sie hören –
bis zum heutigen Tage.

Peter Klever

# *Engel in meiner Nacht*

Engel kamen herab
zu den Hirten.
Ihre Nacht wurde hell,
es umleuchtete
sie himmlischer Glanz.

In einem Augenblick
wurde in ihrem Sinn
alles zurechtgerückt.
Alles war auf einmal
am rechten Platz:
Gott,
Gottes Reich,
Leben und Tod,
Gottes Heilswerk auf der Welt.

Die Welt war ihnen plötzlich
durchsichtig für Gott.
Alle ihre Maßstäbe waren verändert.
Es fiel ihnen wie Schuppen
von den Augen.
Sie sahen,
sie hörten,
sie begriffen,
sie wurden gesandt,
sie gingen,
sie fanden das Kind.

Doch kommen Engel zu mir?
Ist meine Nacht nicht anders?
Lebe ich nicht nach Christus?
Nach den Engeln,
zweitausend Jahre nach Christus
und den Engeln?

O Gott,
du musst die zweitausend Jahre
hinwegtun.
Du musst mich gleichzeitig machen
mit den Engeln
und mit dem Kind!

Tue es auf deine Weise.
Doch lass meine Nacht nicht
ohne deine Engel.
Öffne mir die Augen,
dass ich sie erkenne,
wecke mir das Ohr,
dass ich sie höre,
beflügle meine Füße,
dass ich eile, dass ich finde
das Kind.

Lindolfo Weingärtner, Brasilien

## *Wunschengel*

Manchmal wünsche ich mir,
ein Engel käme
und würde mir den Weg zeigen –
wie damals Rafael dem Tobias.

Manchmal wünsche ich mir,
ein Engel käme
und würde mir
frohe Botschaft bringen:
»Fürchte dich nicht!
Bei Gott ist nichts unmöglich« –
wie damals Gabriel
der Gottesmutter.

Manchmal wünsche ich mir,
ein Engel käme
und würde in all
mein Denken hineinsprechen:
»Der Immanuel, der Gott-mit-uns
ist schon da« –
wie damals der Engel
in Josefs Traum.

Manchmal wünsche ich mir,
ein Engel käme
und würde mich zur Krippe führen,
wo ich Gott
im Unscheinbaren begegne –
wie damals der Engel
die Hirten in Bethlehem.

Manchmal wünsche ich mir,
ein Engel käme
und würde den Stein
von meinem Herzen wälzen,
damit ich den Lebendigen
bei den Menschen suche –
wie damals der Engel
am Ostermorgen in Jerusalem.

Jedes Mal, wenn ich um mich schaue,
sehe ich viele Engel,
die meinen Weg kreuzen –
Engel mit Menschengesichtern,
Menschen mit Engelgesichtern,
die mich glauben lassen:

Die Botschaft von der
Menschenfreundlichkeit
unseres Gottes,
die Kunde seiner Menschwerdung,
wird täglich neu gesagt:
»HEUTE ist euch
in der Stadt Davids
der Heiland geboren,
Christus, der HERR.«

Wilfried Schumacher

# *Einen Engel wünsch ich mir*

Einen Engel wünsch ich mir.
Gottes Nähe möchte ich spüren.
Guter Engel, komm zu mir,
um mich zärtlich zu berühren.

Einen Engel wünsch ich mir,
der mir unterwegs begegnet.
Einen Engel wünsch ich mir,
der mir hilft und der mich segnet.

Einen Engel wünsch ich mir,
der mich anschaut und mir zulacht.
Einen Engel wünsch ich mir,
der mich tröstet und mir Mut macht.

Einen Engel wünsch ich mir,
der mir zuhört, wenn ich frage.
Einen Engel wünsch ich mir,
dass er mir die Wahrheit sage.

Einen Engel wünsch ich mir,
um des Nächsten Not zu sehen.
Einen Engel wünsch ich mir,
um den Friedensweg zu gehen.

Einen Engel wünsch ich mir,
Gott zu loben hier und heute.
Guter Engel, komm zu mir,
bring zu mir die Weihnachtsfreude.

Reinhard Bäcker

# *Der Bote mit dem dunkelblauen Brief*

Legende zu Lukas 1,26–29

Kurz vor Weihnachten stand auf dem Münsterplatz ein Bote mit einem großen dunkelblauen Brief. Darauf waren nur drei Worte geschrieben: »An die Begnadete.« Er hatte den Brief kurz vorher dort in die Hand gedrückt bekommen, wo alles dieselbe tiefe Farbe hatte, und dazu den Auftrag vernommen, ihn in dieser Stadt abzugeben. Bei der Auswahl des Empfängers hatte er freie Hand, und helfend zur Seite stand ihm die anerkannte Geschicklichkeit seines Spürsinns.

Glückselig war er ausgezogen und hatte sich an seinem Auftrag so gefreut, dass er mit dem Umschlag nach allen Seiten gewinkt und gelacht hatte. Das würde ein Auflauf werden, bei dem sich alle um ihn drängen und die Adresse ergänzen würden! Er hatte sich aber vorgenommen, sorgfältig und weise auszulesen.

Er hatte als Standort einen großen Platz ausgewählt, auf dem das Gedränge gut zu bestehen wäre. Erst als er nahe herangekommen war, merkte er, dass der Platz nicht von Menschen, sondern von Autos voll besetzt war. Himmlische Boten achten immer zuerst auf das Innerste der Menschen und entdecken erst dann die Körper, die Kleider und das Blech, das es umgibt. Aber er hatte sich rasch gefasst: Wo Blech ist, sind auch Menschen zu erwarten. Für ihn roch alles nach Mensch, was mit Menschen zu tun hatte und von ihnen in Dienst genommen wurde.

Er stellte sich hin. Er hielt den Brief aufrecht in der Hand und stand so, dass er jedem Vorübergehenden auffallen musste. Aber wie wohlerzogen sie hier waren! Wohl schaute der eine und der andere auf ihn und sein Papier, aber keiner kam näher, um aus Neugier oder Interesse zu lesen. Nein, so war den Leuten nicht beizukommen. Er musste sich ihnen nähern, sie anreden und herauslocken. Es war zwar unter seiner Würde, aber was zählten hier himmlisches Ansehen und Ehre. Die Adresse musste vervollständigt werden. So lautete der Befehl.

»Dort, dort kommt eine Frau mit zwei Kindern und einer Markttasche, die von Tüten und Paketen überquillt. Sie muss glücklich sein, dass sie so üppig und kinderfroh dahinschreitet. Sie ist es!«, dachte er und trat ihr in den Weg. »Ich habe einen Brief für Sie, wollen Sie bitte lesen«, sprach er sie an und streckte ihr den Umschlag entgegen. Sie musterte den Fremden überrascht. Man wird sonst hier auf der Straße nicht angesprochen, man lässt einander in Ruhe. Ein Brief, der nicht auf ordentliche Weise mit der Post kommt? Wohl ein neuer Reklametrick für die Weihnachtssaison? »Nein danke, ich brauche nichts. Und wie Sie sehen, habe ich mit dem Einkauf und den Kindern alle Hände voll zu tun. Adieu!« Fast hätte aus lauter Freundlichkeit der Bote ihren Gruß erwidert und gesagt: »Ja, à Dieu – mit Gott!« Doch er war bestürzt. Nicht mit Gott. Mit vollen Taschen und Paketen.

Ein paar junge Mädchen lachten unter den Kapuzen, Schülerinnen der benachbarten Schule. Er freute sich an ihnen. Er winkte ihnen fröhlich zu und streckte den Umschlag unter ihre Mützen. Sie schämten sich nicht, neugierig zu sein. »An die Begnadete?«, sahen sie einander fragend an. »Ja«, bestätigte ihnen der Bote, »ich suche die Empfängerin dieses Briefes in dieser Stadt. Vielleicht ist eine von Ihnen damit gemeint.« – »Nein, gewiss nicht.

Wir sind nicht besonders begabt. Eben hat einer unserer Lehrer festgestellt, dass unter uns keine Genies sind und wir unter dem Durchschnitt arbeiten. – Fragen Sie doch einen Künstler; von ihnen sagt man, dass sie begnadet seien. Wir sind es nicht. Wir können nicht einmal schön singen.« Eine Glocke läutete. Die Mädchen stoben davon.

Der Bote ließ den Brief sinken. Stand er am falschen Ort? In der falschen Stadt? Aber er hatte den Namen der Stadt gut gehört. Er ging ein wenig auf und ab. Es begann zu regnen. Einige Tropfen fielen auf den Umschlag und wellten das Papier. Als er es näher ansah, fiel ein Tropfen auf das zweite Wort und verwischte die letzten Buchstaben. Der Bote stutzte. Das war vielleicht ein Zeichen von oben. Nun könnte er auch die Männer unter die Empfänger reihen. »Die oder der Begnadete, was war da schon für ein Unterschied!« Natürlich, auch Männer gehörten dazu. Jener zum Beispiel, jener Mann mit der Aktenmappe. Er grüßte ihn freundlich und bat ihn um Hilfe wegen einer Adresse. Die bisherigen Erfahrungen stimmten ihn nun schon etwas angriffslustiger. »Ist das etwa Ihre Adresse?«, half er dem Manne nach. Aber der wehrte heftig ab. »Ich bin nicht begnadigt, denn ich war nie verurteilt. Sehe ich etwa so aus? Mit Gerichtssachen habe ich nichts zu tun. Ich habe mir nichts vorzuwerfen. Fragen Sie auf dem Polizeiposten nach!« Und energisch drückte er seine Mappe unter den Arm und gegen das Herz. Gegen das nie verurteilte und nie begnadigte Herz eines wohlanständigen Mannes. Wieder nichts. Der Bote blieb allein zurück.

Als er enttäuscht um sich schaute, sah er, dass andere Boten in ihrer typisch irdischen Kleidung zwischen den Autos herumgingen, da und dort stehen blieben und einen grünen Zettel auf die Windschutzscheibe legten. Die wollten auch jemandem eine freudige Überraschung machen! Ihr Vorgehen leuchtete ihm ein, und er näherte sich langsam einem der Autos und versuchte, den blauen Umschlag auf die Scheibe zu legen. Da kam ein Mann dahergerannt, warf die Hände in die Luft und rief: »Ich bin rechtzeitig zurückgekommen. Verschonen Sie mich mit Ihrer Buße!« Der Bote stutzte: Buße? Dieses Wort kannte er doch. Es löste bei ihnen im Himmel stets Freude aus, wenn einer von den Irdischen Buße tat. Es kam nicht oft vor, doch es wurde jedes Mal ein Fest daraus. Aber dieser Mann sah keineswegs bußfertig und festlich aus. War auch die Buße bei den Menschen in Verruf gekommen? Er nahm den Umschlag von der Scheibe, zeigte ihn dem Mann und fragte erstaunt: »Sind Sie nicht glücklich über das, was hier steht?« Erst jetzt blickte der Mann näher hin und studierte die Anschrift. »Was soll ich mit diesem Papier? Ich bin Geschäftsmann. Ich bin vom Morgen bis zum Abend unterwegs und werde von meinen Kunden und Konkurrenten gnadenlos gehetzt. Mir wird nichts geschenkt. Ich muss selber alles hart erarbeiten. Gnad' Gott dem, der da nicht mitkommt! – Aber nun halten Sie mich nicht länger auf. Ich habe noch einige Termine vor mir.« Und rasch stieg er ein und fuhr davon. »Ja, gnad' Gott dem, der da nicht mitkommt«, flüsterte der Bote hinter ihm her und seufzte schwer. Er war dabei nicht mehr ganz sicher, wer nun eher die Gnade Gottes brauchte. War es der, der meinte, mitmachen zu müssen, und das Opfer der menschlichen Gnadenlosigkeit wurde? Oder war es der, der es wagte, nicht mehr mitzumachen, und sich damit ebenso der menschlichen Gnadenlosigkeit auslieferte? Konnten denn die Menschen die Gnade nur noch in Form ihrer Abwesenheit erleben? Aber warum streckten sie sich nicht nach ihr aus, sondern empfanden sie nur als Schimpf oder als Bedrohung? Etwas stimmte nicht mehr im himmlischen Haushalt. Entweder war er für die Menschen zu unverständlich geworden, oder die Menschen wurden von ihm zu gut eingeschätzt. Die beiden Welten trafen sich nicht einmal mehr in den Worten.

Der Platz wurde leer, der Regen immer stärker. Der Bote suchte Schutz vor ihm und stellte sich unter den schmalen Eingang des Münsters. Da war er wenigstens nicht ganz allein. Über ihm jubelten und tanzten in den Torbögen die Engel. Er wurde ganz neidisch. Sie konnten gut jubeln, denn sie waren aus Stein und mussten sich nicht mit den zu Stein erstarrten Herzen der Menschen herumschlagen. Wenn er nur endlich den Brief irgendwo hinlegen könnte, wo ihn zufällig jemand finden würde. Dann könnte er auch wie sie jubeln und tanzen.

Plötzlich erblickte er über sich eine Nische. Sie lag am mittleren Pfeiler des Eingangs, an dem gewiss viele Menschen vorbeigehen würden. Er streckte sich aus, um in die Nische zu blicken, und erschrak. Da war keine Nische. Das war eine leeres Postament, auf dem einst jemand gestanden hatte. Deutlich war noch der Fußabdruck zu erkennen. Den kannte er doch! Oft genug war er der, die solche Abdrücke hinterließ, zu Füßen gesessen und hatte sie angestrahlt. Maria. Die Mutter des Erlösers. Der Mensch, der zum ersten Mal diese Botschaft bekommen und angenommen hatte. Wollte sie ihn hier grüßen und ermutigen?

Aber wo war sie denn hingekommen? Ihr Postament war leer, leer wie der große Platz vor ihr, leer wie die Herzen der Menschen. Gab es für die Erstgeborene der Begnadeten auch keinen Raum in dieser Stadt, die so ungnädig wirkte? Konnte sie auch nur noch durch Abwesenheit wirken und durch den heimlichen Sog der Leere die Sehnsucht nach Gnade wecken? Ihr Sockel war leer, aber das bedeutete nichts. Sie konnte jederzeit wiederkommen, auch wenn sie sich nicht mehr sichtbar auf ihn stellte. Die Gnade war anwesend, auch wenn die Menschen nur noch unter ihrer Ferne litten. An diesem Ort wollte er seine Botschaft niederlegen. Hier war sie in guter Obhut.

Er legte den Brief auf den Sockel. Aber der Wind, der scharf um die Ecke wehte, wirbelte ihn zu Boden. Er hob ihn auf. Nun war er ganz feucht. »Nein, so geht es nicht«, sagte sich der Bote. »Ich darf die Gnade nicht am Boden verkommen lassen. Es gibt doch irgendwo einen Menschen, der sie freiwillig annimmt und sich an ihr freut. Vielleicht betritt jemand dieses Haus mit dem Heimweh nach ihr und ist froh, sie zu finden.«

Er schaute das eisenbewehrte Portal an. Warum sollten während der Nacht immer nur Diebe und Demonstranten ins Münster eindringen und nicht auch einmal ein Bote aus einer anderen Welt? Er drückte sich an die Pforte und drang hindurch. Mit seinem Licht erhellte er die Dunkelheit und schritt durch den großen Raum. Die Leere bedrückte ihn, aber stimmte ihn zugleich zuversichtlich. Da war doch Platz für viele, und unter den vielen würde ein Mensch sein, der das Angebot annehmen würde. Er legte den dunkelblauen Brief auf den Tisch. Dann zog er sich hinter eine der Säulen zurück und begann von neuem zu warten. Er

durfte ja nicht dorthin zurückkehren, wo er den Auftrag erhalten hatte, bis er ihn erfüllt hatte.
Seither liegt der Brief auf diesem Tisch und wartet auf den, der ihn annimmt. Mit ihm wartet im Verborgenen ein Bote Gottes auf einen Menschen, der sich nach einem gnädigeren Leben sehnt.

*Die Legende wurde als Weihnachtspredigt im Basler Münster verwendet. Während des Gottesdienstes lag auf dem Abendmahlstisch sichtbar ein dunkelblauer Umschlag mit der Anschrift »An die Begnadete«. Er wurde von jemandem, der sich angesprochen fühlte, mitgenommen.*

Werner Reiser

# *Der Engel der Wärme*

Von manchen Menschen sagt man, dass von ihnen Wärme ausgeht. In ihrer Nähe fühlt man sich wohl. Da wird es einem warm ums Herz. Von anderen dagegen strahlt einem Kälte entgegen. Da friert einem selbst im Sommer in ihrer Nähe. Der Engel der Wärme möge Dich dazu befähigen, dass von Dir Wärme ausgeht, dass sich Menschen in Deiner Nähe geborgen und geliebt fühlen. Und er möge Dich immer wieder Menschen finden lassen, die für Dich zum Engel der Wärme werden, in deren Nähe Du Deine eingefrorenen Gefühle auftauen kannst, in deren Nähe Du Dich wärmen kannst, wenn es Dich in dieser kalten Welt friert. Viele erleben unsere Welt heute kalt. Da ist es selten, dass man vor dem anderen seinen schützenden Mantel ausziehen kann. Man hat Angst, dem kalten Blick des anderen ausgesetzt zu sein. Jeder verschanzt sich hinter seiner Mauer von Kälte. Da täten uns Engel der Wärme gut. Sie ermöglichen Nähe und Begegnung. Sie erzeugen eine Atmosphäre, in der wir uns wohl fühlen, in der wir daheim sein können.

Die Frage ist, was Du dazu tun kannst, dass der Engel der Wärme Dich dazu befähigt, für Deine Umgebung Wärme auszustrahlen. Für mich ist es wichtig, dass ich mich an der Wärme der göttlichen Liebe immer wieder selbst aufwärme, um ein warmes Herz auch für andere zu bekommen. Henri Nouwen versteht geistliches Leben als Hüten des inneren Feuers, das in jedem brennt. Nouwen meint, viele Menschen seien heute ausgebrannt, weil sie die Türen ihres Ofens zu sehr nach außen geöffnet haben. Dann kann die Glut nicht in ihnen bleiben. Dann werden sie schnell zur ausgebrannten Asche. Geistliches Leben bedeutet für mich: das innere Feuer hüten. Mir hilft es, wenn ich beim Meditieren die Arme über der Brust kreuze und mir vorstelle, dass ich jetzt die Türen meines Ofens zumache, dass da jetzt das Feuer der göttlichen Liebe alles in mir durchglühen und verwandeln kann. Dann spüre ich eine wohlige Wärme in mir. Und ich weiß, dass das Feuer der göttlichen Liebe für alle reicht. Ich brauche mir nicht vorzunehmen, allen gegenüber Wärme zu zeigen. Wenn ich im Gebet das innere Feuer hüte, dann wird es in mir warm werden, und diese Wärme wird für alle genügen, denen ich heute begegnen werde.

Eine warme Ausstrahlung kann man nicht machen. Die kann man sich nicht vornehmen. Wenn ich die Engeldarstellungen der Gotik anschaue, etwa die Engel bei Frau Angelico, da wird es mir warm ums Herz. Es sind Engel, die eine warme Liebe ausstrahlen. In ihnen ist nichts Trübes, nichts Kaltes, nichts Feindliches. Von ihnen gilt, was Paracelsus einmal von den Engeln sagte: »Ihr sollt wissen: Der Engel ist der Mensch ohne das Tödliche.« […]

Der Engel der Wärme wird Dich dazu befähigen, dass Du schnell mit andern warm wirst und dass andere schnell mit Dir warm werden. Da wird Wärme hin- und herströmen. Du wirst davon nicht kalt werden. Im Gegenteil, die Wärme, die hin- und herströmt, wird sich verstärken. Sie erzeugt eine Atmosphäre, die auch für andere erfahrbar wird. […] Da wird nicht jedes Wort auf die Goldwaage gelegt. Da darf ich sein, wie ich bin. Da werde ich ganz und gar akzeptiert. Ich wünsche Dir, dass Du immer den Engel der Wärme um Dich spürst und dass Du selbst für andere zu einem Engel werden darfst, der Wärme ausstrahlt und anderen das Herz warm werden lässt.

Anselm Grün

# *Einen Engel wünsch ich dir –*

## *Chor des Lobpreisens*

Musik
ist die Sprache der Engel.

Thomas Carlyle

# *Lobt den Herrn, ihr seine Engel*

Lobt den Herrn, ihr seine Engel,
ihr starken Helden,
die seine Befehle vollstrecken,
seinen Worten gehorsam!

Lobt den Herrn,
all seine Scharen,
seine Diener,
die seinen Willen vollziehen!

Lobt den Herrn,
all seine Werke,
an jedem Ort seiner Herrschaft!
Lobe den Herrn,
meine Seele!

PSALM 103,20–22

# *Das Lied der Engel*

Erst wo wir Lobpreis wagen,
über uns und unsere Ängste hinaus,
reißt der schwarze Himmel auf,
kommt die Welt ins Lot,
kann der Mensch atmen.

Nur im Lobpreis
ist meine Niedrigkeit angeschaut,
geschieht Rechtfertigung, Heil.
Lobpreis und Rechtfertigung,
der große Gott und der Mensch –
dies ist das Lied der Engel
über Christi Geburt:
»Verherrlicht ist Gott in der Höhe,
und auf Erden ist Friede
bei den Menschen seiner Gnade.«

KLAUS HEMMERLE (1929–1994)

# *Cherubim und Serafim*

Großer Gott, wir loben dich.
Herr, wir preisen deine Stärke.
Vor dir neigt die Erde sich
und bewundert deine Werke.
Wie du warst vor aller Zeit,
so bleibst du in Ewigkeit.

Alles, was dich preisen kann,
Cherubim und Serafinen,
stimmen dir ein Loblied an,
alle Engel, die dir dienen,
rufen dir stets ohne Ruh:
»Heilig, heilig, heilig!« zu.

Heilig, Herr Gott Zebaoth!
Heilig, Herr der Himmelsheere!
Starker Helfer in der Not!
Himmel, Erde, Luft und Meere
sind erfüllt von deinem Ruhm,
alles ist dein Eigentum.

Ignaz Franz, 1771

# *Der Himmel hat schon begonnen*

Das Sanctus ist der himmlische Lobpreis der Engel um den Thron Gottes. Wenn die Kirche es wagt, das Dreimal-Heilig in ihrem Gottesdienst anzustimmen, macht sie damit eine ungeheuerliche Aussage. Sie sagt dann nämlich: In dem Augenblick, wo sich die irdische Gemeinde versammelt und Gott preist für seine Taten, sind Himmel und Erde verschmolzen. Das Gotteslob der versammelten Gemeinde verschmilzt mit dem Gotteslob der Engel. Es ist kein Unterschied mehr. Der Himmel hat schon begonnen …

Doch damit ist noch nicht alles gesagt. Wenn wir das Dreimal-Heilig ernst meinen, heißt das notwendig, dass wir uns auch bereit erklären mitzuhelfen, dass der Name Gottes auch in der Welt geheiligt wird, dass also die Welt zum Raum seiner Herrlichkeit wird. Gott preisen heißt immer auch: sich von ihm in Dienst nehmen lassen.

Gerhard Lohfink

## *Engel lauschen*

Pauken dröhnen, Harfen tönen,
Flügel rauschen, Engel lauschen
auf den Stufen. Und sie rufen,
widerstrahlend Helligkeit:
Heilig, heilig, heilig!
Alle Schmerzen fliehen eilig,
froh macht jeden der Gesang,
der da durch die Himmel drang.

Thomas von Kempen (um 1379–1471)

Gott ist gegenwärtig,
dem die Cherubinen
Tag und Nacht gebücket dienen.
Heilig, heilig, heilig!
Singen ihm zur Ehre
aller Engel hoher Chöre.
Herr, vernimm
unsre Stimm,
da auch wir Geringen
unsre Opfer bringen.

Gerhard Tersteegen (1697–1769)

# *Lautespielender Engel*

Stimme des Engels:
Sprich mich nicht an! Ich kann dir nichts erwidern.
Ich höre nur der Laute Lobgesang.
Ich hab' ein Amt, begreif: den heil'gen Liedern
Zu dienen, Klang bei Klang.

Doch fürchte nichts! Denn über allen Worten
Und allem, was geschieht und je geschah,
Klingt dieser Ton und tönt an allen Orten.
Wags und stimm ein, und du bist ganz mir nah.

Albrecht Goes

Mit den Engeln will ich singen,
Gott zur Ehre soll es klingen,
von dem Frieden, den er gibt
jedem Herzen, das ihn liebt.

Emil Quandt (1835–1911)

## *Der strahlende Engel*

Der Chor sang nicht mehr,
er versank in Trauer und Ohnmacht.
Die schlimme Vergangenheit lag auf jeder Schulter.
Auschwitz und die Todesmaschinerie lähmten die Gedanken,
lähmten die Stimme, erstickten jeden Ton.

Das KYRIE ist aufgehoben im GLORIA,
unsere Ohnmacht im Lob Gottes, so dachte ich.
Wenn das KYRIE nicht an den Himmel gebunden wird,
dann erleben wir die Hölle.

Aus dem Chor höre ich Stimmen:
»Nach Auschwitz werden wir anders singen.«
»Wir müssen uns an das Lob Gottes klammern,
sonst geht uns der Atem aus.«
»Wir können die Hölle nicht verdrängen,
aber wir dürfen auch den Himmel nicht vergessen.«
»Wir werden die alten Gesänge
mit neuer Hoffnung füllen müssen.«

Aus großer Nachdenklichkeit
und tiefer Stille erleben wir ein außergewöhnliches Konzert
in der Marienkirche in Krakau.
Und mit einem Male bewegt sich der Engel im Altargewölbe,
schwebt, nicht mehr festgemalt,

glänzt lebendig das GLORIA vom Himmel auf uns herab.
Ich denke: Ich träume. Ich gerate völlig aus der Fassung.
Niemandem will ich davon erzählen.
Das Geheimnis – der Traum gehört mir.
Nur die Kantorin zwinkert mir später zu:
Haben Sie es auch gesehen – als wir das GLORIA sangen:
Der Engel schwebte? –
Ja, ich habe es gesehen.
Und sein Glanz erfüllte unsere Seelen
und kam über uns – bis zum heutigen Tag.

Uwe Seidel

# *Einen Engel wünsch ich dir –*

## *Begleiter bei Tag und bei Nacht*

Von Gottes Engel unsichtbar umgeben,
so leg ich mich zu Bett und schlafe ein.
Ich danke dir, mein Gott, für dieses Leben,
lass mich bei Tag und Nacht dein Eigen sein.

Lydia Gerlach

## *Der Engel*

Wann wird ein Engel kühn durch Wolken dringen,
Die auf die Erde todesträchtig hangen,
Und wird den Dämon, dessen Frist vergangen,
Vor dem gestürzten Throne niederzwingen?

Denn nur ein Engel wird das Reich erringen,
Den Abgrund schließen und das Recht erlangen.
Er wird die neue Herrlichkeit empfangen
Und sie bewachen mit erglühten Schwingen.

Wann sind die Herzen rein? Wann wird das Feuer,
In dem das Kreuz des Siegers strahlend steht,
Die Gier verbrennen, die verwirkte Macht?

Der Himmel wogt und neigt sich ungeheuer,
Ob sich ein Volk verwandle im Gebet
Und ihm zum Zeichen werde in der Nacht.

Reinhold Schneider (1903–1958)

# *Dein Engel wache über mir*

Herr, schenke uns die gute Nacht,
und alles, was uns Sorge macht,
das legen wir nun ab vor dir.
Dein Angesicht uns leuchten mag,
so führ uns in den neuen Tag.
Dein Engel wache über mir.

Verfasser unbekannt

Breit aus die Flügel beide,
o Jesus, meine Freude,
und nimm dein Küchlein ein.
Will Satan mich verschlingen,
so lass die Englein singen:
»Dies Kind soll unverletzet sein.«

Auch euch, ihr meine Lieben,
soll heute nicht betrüben
kein Unfall noch Gefahr.
Gott lass euch ruhig schlafen,
stell euch die güldnen Waffen
ums Bett und seiner Engel Schar.

Paul Gerhardt (1607–1676)

## *Abends wenn ich schlafen geh*

Abends wenn ich schlafen geh,
vierzehn Engel um mich stehn,
zwei zu meinen Häupten,
zwei zu meinen Füßen,
zwei zu meiner Rechten,
zwei zu meiner Linken,
zwei, die mich decken,
zwei, die mich wecken,
und zwei, die mich weisen
in das himmlische Paradeisen.

Engelbert Humperdink (1854–1921)

# Morgensegen

*Des Morgens, wenn du aufstehst,*
*kannst du dich segnen mit dem Zeichen*
*des heiligen Kreuzes und sagen:*

Das walte Gott Vater, Sohn und Heiliger Geist! Amen.

*Darauf kniend oder stehend*
*das Glaubensbekenntnis und das Vaterunser.*
*Willst du, so kannst du dies Gebet dazu sprechen:*

Ich danke dir, mein himmlischer Vater,
durch Jesus Christus, deinen lieben Sohn,
dass du mich diese Nacht
vor allem Schaden und Gefahr behütet hast,
und bitte dich, du wollest
mich diesen Tag auch behüten
vor Sünden und allem Übel,
dass dir all mein Tun und Leben gefalle.
Denn ich befehle mich, meinen Leib und Seele
und alles in deine Hände.
Dein heiliger Engel sei mit mir,
dass der böse Feind keine Macht an mir finde.

*Alsdann mit Freuden an dein Werk gegangen*
*und etwa ein Lied gesungen*
*oder was dir deine Andacht eingibt.*

Martin Luther (1483–1546)

# *Abendsegen*

*Des Abends, wenn du zu Bett gehst,*
*kannst du dich segnen mit dem Zeichen*
*des heiligen Kreuzes und sagen:*

Das walte Gott Vater, Sohn und Heiliger Geist! Amen.

*Darauf kniend oder stehend*
*das Glaubensbekenntnis und das Vaterunser.*
*Willst du, so kannst du dies Gebet dazu sprechen:*

Ich danke dir, mein himmlischer Vater,
durch Jesus Christus, deinen lieben Sohn,
dass du mich diesen Tag gnädig behütet hast,
und bitte dich, du wollest
mir vergeben alle meine Sünde,
wo ich Unrecht getan habe,
und mich diese Nacht auch gnädiglich behüten.
Denn ich befehle mich, meinen Leib und Seele
und alles in deine Hände.
Dein heiliger Engel sei mit mir,
dass der böse Feind keine Macht an mir finde.

*Alsdann flugs und fröhlich geschlafen.*

Martin Luther (1483–1546)

# *Dein Engel uns zur Wach bestell*

Hinunter ist der Sonne Schein,
die finstre Nacht bricht stark herein,
leucht uns, Herr Christ, du wahres Licht,
lass uns im Finstern tappen nicht.

Dir sei Dank, dass du uns den Tag
vor Schaden, G'fahr und mancher Plag
durch deine Engel hast behüt'
aus Gnad und väterlicher Güt'.

Womit wir heut erzürnet dich,
dasselb' verzeih uns gnädiglich
und rechn' es unsrer Seel' nicht zu;
Lass schlafen uns mit Fried und Ruh.

Dein Engel uns zur Wach bestell,
dass uns der böse Feind nicht fäll.
Vor Schrecken, Angst und Feuersnot
behüte uns, o lieber Gott.

Nikolaus Herman, 1560

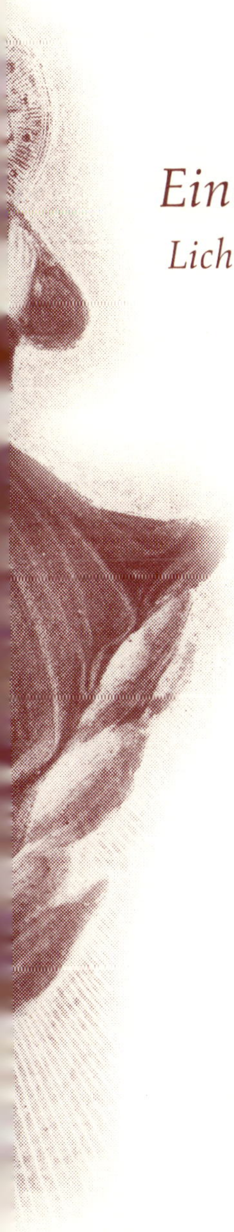

# *Einen Engel wünsch ich dir –*

## *Licht in der Dunkelheit*

Ich hoffte auf Licht,
und es kam Finsternis.
Ich fürchtete die Finsternis,
und es kam das Licht.

## *Der Fliegende*

Der Engel ist Geist; nur Geist. Nicht dem Leibe feindlich, aber unleiblich. Die Wahrheit, das Gute, die Ordnung, die Schönheit bestimmen sein Dasein. Er ist »Licht« und »Glut«. Für ihn bestehen weder Grenzen des Raumes noch der Zeit. Alle Höhe, Tiefe, Weite des Sinnes und der Wesenheit sind sein Bereich. Er steigt auf, dringt ein, durchmisst. Das drückt sich in den Flügeln aus: Der Engel ist der Fliegende.

Romano Guardini (1885–1968)

Ich erinnere mich
an einen Sonnenstrahl

Ich erkenne
eine Engelskraft

Ich entwerfe
einen Lebenstag

Verfasser unbekannt

# *Engel sind Aufwecker*

Engel sind Aufwecker. Sie rütteln und schütteln den Schläfer, bis er endlich aufwacht und wieder hört auf das, was wesentlich für ihn ist. In der bildenden Kunst halten die Engel oft eine Posaune in den Händen. Man soll sie hören und nicht überhören. Sie wecken und warnen vor dem Tiefschlaf des Gewissens. Jeder weiß selbst am besten, wann er die innere Stimme verlor und taub wurde für den Schöpfer. Damit finden sich die Engel nicht ab. Deshalb sind sie alles andere als harmlos, sondern unbequem wie ein Wecker, der keinen Zweifel daran lässt, dass die Nacht zu Ende ist.

Posaunenschall und schrille Weckerklingel sind eine Weise, den Schläfer zu erreichen. Manchmal wählen die unsichtbaren Boten auch eine ganz leise, ja flüsternde Stimme. Der Hörende kann kaum erkennen, ob sie von außen kommt oder in seinem Inneren aufsteigt. Die Schriftstellerin Rose Ausländer beschreibt dies in einem ihrer Gedichte:

»Der Engel in dir
freut sich über dein
Licht

weint über deine Finsternis

Aus seinen Flügeln rauschen
Liebesworte

Gedichte
Liebkosungen

Er bewacht
deinen Weg

Lenk deinen Schritt
engelwärts«

Engel begegnen dem existentiellen Hörsturz mit Fingerzeigen, Wegweisern und manchmal mit einem unübersehbaren Stoppschild. Ein Computerleitsystem wird das Auto der Zukunft durch Staus und Gefahren bringen. In den Menschen ist es nicht einsetzbar. Für ihn kommt alles darauf an, dass er sein inneres Gehör wiederfindet.
Für das Wesentliche aufgeweckte Menschen erreicht der Engel dann auch im Schlaf. Der junge Familienvater erfährt im Traum das Unfassliche. Mit seiner Frau und dem Neugeborenen soll er ins Exil gehen und erst zurückkommen, wenn ein Regierungswechsel seine Rückkehr erlaubt. Tausend Gründe sprechen gegen eine solche Flucht. Aber er folgt der Stimme und geht. Der Mann heißt Joseph. Eigentlich wohnt er in Nazareth. Diese Nacht aber verbringt er in Bethlehem. Hätte er auf den Traumengel, den Engel im Traum, nicht gehört, die Weltgeschichte wäre anders verlaufen.
Wer sind die Engel? Wege zum Ohr gehen sie, laute und leise, bis eine Tür sich öffnet.

Oliver Kohler

## *Der gute Engel an meiner Seite*

Wir müssen uns wieder zu der festen Glaubensüberzeugung hindurchringen, dass der Engel der unsichtbare Begleiter unseres Lebens ist. Der Glaube an die persönliche Behütung durch die Engel ist bedeutsam. Die hohen Gedanken kommen von innen, und der Begleitengel weiß, was wir nicht wissen; der Begleitengel sieht, was wir nicht sehen, und ist stets gegenwärtig. Tut der Mensch das Böse, dann zieht der Engel sich schweigend zurück und weint, wie nur Engel zu weinen vermögen. Er ist keine bloße Wunschphantasie, vielmehr eine innere Gewissheit für den gläubigen Menschen. Er soll sich in seinem Leben an seinen Engel halten; das bedeutet ihm eine wirksame Hilfe, weil er sich gehalten weiß und dabei das bedrückende Gefühl der Verlassenheit verliert. Er denke am heutigen Tag und in den kommenden Monaten häufig an diesen guten Engel an seiner Seite, er denke immer an ihn, wenn es ihm schwer zumute wird, und rede auch leise mit ihm.

Walter Nigg (1903–1988)

# *Der Engel des Lichts*

Er erscheint mir
heil und leuchtend
fast durchsichtig
nie dunkel und düster

Ich erkenne ihn
wach oder träumend
Bote des Lichts
der mir mein Leben erhellt

Er kommt aus dem Licht
durchflutet von der Sonne
auch in der Nacht
als Engel der Sterne

Sein Wesen strahlt
von einem inneren Licht
das den Tod überstrahlt
und ihm die Schwärze nimmt

»Mein Name ist Wunderbar«
gibt er sich zu erkennen
»Und Gott ist mein Licht«
offenbart er sich

»Mit meinen Flügeln
überwinde ich die Zeit
in Lichtgeschwindigkeit
und darum bin ich jederzeit
bei dir«

Uwe Seidel

# *Ganze Herden Engel*

Ich fürchte mich
vor tausend Feinden nicht,
denn Gottes Engel lagern sich
um meine Seiten her;
wenn alles bricht,
so bin ich doch in Ruh'.
Wie wär's möglich zu verzagen?
Gott schickt mir ferner Ross und Wagen
und ganze Herden Engel zu.

JOHANN SEBASTIAN BACH (1685–1750)

# *Die Boten Gottes*

Kann ich dich auch nicht erkennen
in den Tagen voller Last,
lass mich doch den Segen spüren,
den du mir bereitet hast.

Kann ich es auch nicht begreifen,
dass dein Bote mit mir zieht,
lass den Hoffnungsstern mich sehen,
der im Dunkeln für mich glüht.

Kann ich es auch nicht ermessen,
dass es Frieden für mich gibt,
lass mich fühlen, du bist nahe,
und ich bin von dir geliebt.

Barbara Cratzius

## *Engel*

Immer geht ihr uns voraus,
legt im Leben eure Spuren –
seid, wo immer wir zu Haus,
Gegenwart auf unsern Fluren.

Keiner, der euch je erlebt,
wird vergessen, wie's ihm ward,
wenn im Alltag, dicht gewebt,
euer Flügelschlag genaht.

Wer davon gestreift, berührt,
sieht ein Leuchten aufgeglommen,
wird aus mancher Nacht geführt
und ins Licht hinaufgeführt
und ins Licht hinaufgenommen.

Engel, segensreiche Boten,
stehen für ein gut Geleit,
das Gott in die Welt verwoben,
Zeichen für Geborgenheit.

JOHANNES KUHN

# *Das Bekenntnis des Daniel*

Gott hat mir längst seinen Engel gesandt,
mich auch durch Dunkles zu führen.
Und dieser Engel hält meine Hand,
wo ich auch bin, kann ich spüren,
mein Engel schützt mich,
geht mit durch die Zeit,
auch in der Grube traf mich kein Leid,
ich bin bei Gott aufgehoben.

EUGEN ECKERT
AUS DEM MUSICAL »DANIEL«

# *Einen Engel wünsch ich dir –*
## *Tröster in Traurigkeit*

Mein Engel trage meine Sorgen nach oben
und bringe neuen Mut herunter!
Ich lenke meine Gedanken engelwärts
und hoffe, dass mir ein Engel entgegenkommt!

VERFASSER UNBEKANNT

## *Zeig uns die Engel*

Manche von uns sind so verzweifelt
dass sie nichts sagen können
dass sie nicht klagen können
sie bleiben stumm ihr Leben lang
Gott, bitte, hör ihre Klagen
wenn sie vor dem geleerten Glas sitzen
sieh ihren Schrei in den fahrigen Gesten
Gott, hör Du, was sie nicht sagen

Manche von uns sind so verzweifelt
dass sie nicht weinen können
sie haben es verlernt
sie bleiben trockenen Auges
ihr Leben lang
Gott, bitte, sieh ihre Traurigkeit
vergib ihnen ihre Versteinerung
und sammle die ungeweinten Tränen

Manche von uns sind so verzweifelt
dass sie noch nie einen Engel gesehen haben
Sie leben, ohne dass jemand sie fragt
Frau, warum weinst du?
Sie glauben dir deine Geschichte nur halb
und bleiben allein beim Weinen
Gott, bitte, schick doch mal einen oder zwei Engel

die fragen: Warum weinst du?
Schicke eine von uns zu fragen warum
damit wir alle nicht allein bleiben vor den Gräbern
wo unsere Hoffnungen verscharrt liegen
und lehr uns klagen
und lehr uns weinen
und zeig uns die Engel
die schon am Grab auf uns warten

Dorothee Sölle

# *Mit deinen Engeln komm*

Herr der engel
lass nicht allein
den einsamen
der in seiner ecke sitzt
wie in einer wüste
dürstend

schick einen engel ihm

wenn das
programm
des fernsehens
beendet ist
und ungut die nacht

viel einsame
warten herr

mit deinen engeln
komm

Rudolf Bohren

# *Ich möchte ein Engel sein*

Mehr als einen Menschen kenne ich,
der vor Traurigkeit oder Mattigkeit
in sich selber hineinversinkt
wie in eine tiefe Sehnsucht.

Der sagt: Ich kann nicht mehr.
Wozu mühe ich mich?
Es hat doch alles keinen Sinn.

Einmal sah ich in einer riesigen Felsschlucht
eine einzelne Möwe.
Ihr Gefieder glänzte,
als wollte sie sagen:
Droben ist die Sonne!
Wie ein Engel fuhr sie herab
in die tiefen Schatten,
als wäre sie ein Bote des Lichts.

Ich möchte ein Engel sein, der das kann.
Vielleicht nur für eine Stunde,
ein guter Geist aus der Liebe Gottes,
ein Engel, wenn du so willst,
für dich.

Jörg Zink

## *Chor der Tröster*

Wer von uns darf trösten?
In der Tiefe des Hohlwegs
Zwischen Gestern und Morgen
Steht der Cherub
Mahlt mit seinen Flügeln die Blitze der Trauer
Seine Hände aber halten die Felsen auseinander
Von Gestern und Morgen
Wie die Ränder einer Wunde
Die offen bleiben soll
Die noch nicht heilen darf.

NELLY SACHS (1891–1970)

# *Achte auf ihn!*

Ich werde einen Engel schicken,
der dir vorausgeht.
Er soll dich auf dem Weg schützen
und dich an den Ort bringen,
den ich bestimmt habe.

Achte auf ihn
und hör auf seine Stimme!

Exodus 23,20f

Es weiß keiner von uns, was er wirkt
und was er den Menschen gibt.
Es ist für uns verborgen und soll es bleiben.
Manchmal dürfen wir ein klein wenig davon sehen,
um nicht mutlos zu werden.

Albert Schweitzer (1875–1965)

# *Mein Wunsch für dich*

Ich wünsch dir einen Engel,
der dich tröstet, wenn du traurig bist.
Der um deine Einsamkeit weiß,
zu dir kommt und dich aushält.
Der dich versteht und dir zuhört.
Der mit dir redet, wenn es nötig ist,
aber auch im richtigen Augenblick
schweigen kann.
Der dich in seine Arme nimmt,
dessen Wärme dir einfach gut tut.
Der dir die Gewissheit gibt,
geliebt zu sein.
Der dich fühlen lässt,
von Engelsflügeln umgeben zu sein –
Hoffnung wächst ganz zaghaft.

Gisela Zimmermann

# *Engel des Trostes*

Seit je haben die Menschen in ihrem Schmerz den Engel des Trostes beschworen, dass er zu ihnen kommen und bei ihnen bleiben möge. Eindrucksvoll hat das Johann Sebastian Bach in seiner Tenorarie aus der Kantate zum Michaelisfest besungen: »Bleibt ihr Engel, bleibt bei mir! Führet mich auf beiden Seiten, dass mein Fuß nicht möge gleiten.« Es ist ein inbrünstiges Lied, das darauf vertraut, dass wir nicht allein gelassen sind mit unserem Leid, sondern dass die Engel Gottes uns begleiten und bei uns bleiben und ausharren, bis sich unser Schmerz in ein Danklied verwandelt.

Ich wünsche dir, dass dich in deiner Trauer auch ein Engel tröstet, dass er dir wieder Standfestigkeit verleiht, wenn du ins Wanken geraten bist, dass er dir gut zuredet, dass er gute Worte zu dir spricht, wenn du vor Schmerz sprachlos geworden bist, dass er dich in deiner Einsamkeit besucht und dir das Gefühl vermittelt, dass du nicht mehr allein bist, dass da ein Engel an deiner Seite steht, der alle Wege mit dir geht. Wenn du um den Engel des Trostes weißt, dann kannst du dich getrost deiner Trauer stellen, dann musst du sie nicht überspringen. Die getröstete Trauer wird dich nicht mehr lähmen, sondern dich tief in das Geheimnis deines eigenen Seins führen und in das Geheimnis Jesu Christi, der herabgestiegen ist in unsere Trauer als »Trost der ganzen Welt«.

Anselm Grün

## *Der Engel des Herrn*

Ich will den Herrn allezeit preisen;
immer sei sein Lob in meinem Mund.
Meine Seele rühme sich des Herrn;
die Armen sollen es hören und sich freuen.
Verherrlicht mit mir den Herrn,
lasst uns gemeinsam seinen Namen rühmen.
Ich suchte den Herrn, und er hat mich erhört,
er hat mich all meinen Ängsten entrissen.
Blickt auf zu ihm, so wird euer Gesicht leuchten,
und ihr braucht nicht zu erröten.
Da ist ein Armer; er rief, und der Herr erhörte ihn.
Er half ihm aus allen seinen Nöten.
Der Engel des Herrn umschirmt alle,
die ihn fürchten und ehren,
und er befreit sie.
Kostet und seht, wie gütig der Herr ist;
wohl dem, der sich zu ihm flüchtet!

PSALM 34,2–9

# *Du aber bleib!*

Der Schmerz ist ein heiliger Engel,
und durch ihn
sind Menschen größer geworden
als durch alle Freuden der Welt.

Adalbert Stifter (1805–1868)

Ja, wir sind glücklich, Herr,
wenn uns ein Engel wieder
den Blick in himmlische Weiten öffnet,
den eine Prüfung
jäh uns hatte verlieren lassen.
Ja, wir sind glücklich, Herr,
denn in solchen Momenten
zeigt sich deine Liebe übermächtig …
Herr, lass doch die Prüfung
vorübergehen …
Du aber bleib!

Chiara Lubich

# Einen Engel wünsch ich dir –

## *Jeder hat einen Schutzengel*

Der Wunsch unseres Schutzengels,
uns zu helfen, ist weit größer
als derjenige, den wir haben,
uns von ihm helfen zu lassen.

Don Bosco (1815–1888)

## *Ein guter Rat*

Als ein neu ernannter Bischof zum ersten Mal von Papst Johannes XXIII. in Privataudienz empfangen wurde, klagte jener, die neue Bürde lasse ihn nicht mehr schlafen. Mitfühlend sagte ihm der Papst: »Mir ging es in den ersten Wochen meines Pontifikats genauso. Aber dann sah ich auf einmal im Wachtraum meinen Schutzengel, der mir zuraunte: ›Giovanni, nimm dich nicht so wichtig ...‹ Seitdem schlafe ich wieder.«

Zwei Gesichtspunkte sind an dieser kleinen Begebenheit bemerkenswert. Zunächst war es ein Engel, der dem Papst jenen heilsamen Rat gegeben hatte. Wie ein Kind versteht auch der Engel vom glücklichen Leben mehr als so mancher Erwachsene. Der humorvolle englische Schriftsteller Gilbert Keith Chesterton (1874–1936) schreibt: »Engel fliegen, weil sie sich selbst leicht nehmen ... Der Mensch neigt wirklich von Natur dazu, sein Ich gewichtig zu nehmen, denn das ist das Leichteste, was man tun kann ... es ist bequem, schwer zu sein, doch schwierig, leicht zu sein. Satan fiel, weil er sich zu ernst nahm.«

In diesem Hinweis steckt bereits das Zweite, worauf wir aufmerksam machen wollen. Denn der Rat, sich selbst nicht so wichtig zu nehmen, war dem Papst von seinem Schutzengel gegeben worden, von jenem Engel also, der von Gott bestellt ist, unser Leben vor Gefahren zu schützen. Die Untugend, sich selbst zu wichtig zu nehmen, gehört nämlich zu den Gefahren, die das menschliche

Leben – das Leben des Einzelnen wie das Zusammenleben – am ernsthaftesten bedrohen können. Sie macht das Leben – und auch das Sterben – erdrückend schwer.

Rudolf Stertenbrink

# *Du bist nicht allein*

Jeder Mensch ist wehrlos,
auch der erwachsene, starke, kluge …
So sagt die Kirche:
Du bist nicht allein.
Dein Selbst ist in der Hand von einem,
der dich sieht und Gott sieht,
der Gottes Angesicht sieht
und in Seinem Lichte dich.

Das ist es,
was wir von dem Schutzengel hören,
und es wäre wohl gut,
manchmal an ihn zu denken
und sich seiner mächtigen Liebe
anzubefehlen.
Gut auch, sich zuweilen
an die Engel derer zu wenden,
die uns teuer sind.

Romano Guardini (1885–1968)

## *Sie tragen dich auf Händen*

Dir begegnet kein Unheil,
kein Unglück naht deinem Zelt.
Denn er befiehlt seinen Engeln,
dich zu behüten
auf all deinen Wegen.
Sie tragen dich auf Händen,
damit dein Fuß nicht an einen Stein stößt.

Psalm 91,10–12

## *Der Schutzengel*

Der Schutzengel: die Sympathie, wir brauchen ihn immerzu. Wir haben ihn als Kind, sonst wären wir längst überfahren, wir wachsen damit auf, wir verlassen uns auf ihn – und dabei ist es nur ein Hauch, was uns schützt, was uns von dem Ungeheuerlichen trennt, von dem Rettungslosen, wo nichts mehr für dich zeugt, kein eigenes Wort, keine eigene Tat …

Max Frisch (1911–1991)

# *An meinen Schutzengel*

Den Namen weiß ich nicht. Doch du bist einer
Der Engel aus dem himmlischen Quartett,
Das einstmals, als ich kleiner war und reiner,
Allnächtlich Wache hielt an meinem Bett.

Wie du auch heißt – seit vielen Jahren schon
Hältst du die Schwingen über mich gebreitet
Und hast, der Toren guter Schutzpatron,
Durch Wasser und durch Feuer mich geleitet.

Du halfst dem Taugenichts, als er zu spät
Das Einmaleins der Lebensschule lernte.
Und meine Saat, mit Bangen ausgesät,
Ging auf und wurde unverhofft zur Ernte.

Seit langem bin ich tief in deiner Schuld.
Verzeih mir noch die eine – letzte – Bitte:
Erstrecke deine himmlische Geduld
Auch auf mein Kind und lenke seine Schritte.

Er ist mein Sohn. Das heißt: er ist gefährdet.
Sei um ihn tags, behüte seinen Schlaf.
Und füg es, daß mein liebes schwarzes Schaf
Sich dann und wann ein wenig weiß gebärdet.

Gib du dem kleinen Träumer das Geleit.
Hilf ihm vor Gott und vor der Welt bestehen.
Und bleibt dir dann noch etwas freie Zeit,
Magst du bei mir auch nach dem Rechten sehen.

Mascha Kaléko (1907–1975)

## *Treuer und schweigender Freund*

Der Schutzengel,
treuer und schweigender Freund,
der jeden unserer Schritte begleitet
und unseren Weg erleuchtet,
ohne dass wir an ihn denken …

Vielleicht tut es uns eines Tages leid,
da er uns doch nie
allein gelassen hat.

Chiara Lubich

# *Ein Engel als Brücke*

Eine Brücke
wird geschlagen
von der Dunkelheit
ins Licht.
Wird sie uns tragen?
Können wir es wagen,
darüber zu gehen?
Wir stehen
und zagen.
Auch uns
muss ein Engel sagen:
»Fürchtet euch nicht!«

Anna Six

# *Als hättest du Flügel bekommen*

Hast du schon einmal
in der Begegnung mit einem Menschen erlebt,
dass verloren geglaubte Hoffnungen
wieder in dir aufbrachen
und sich dir innen und außen
neue Welten erschlossen haben?

Hast du schon einmal erfahren,
dass das Wort eines Menschen dich aufgerichtet
und seine Zärtlichkeit
dich zu neuem Leben erweckt hat?

Hat dich schon einmal das liebende Lächeln
eines Menschen berührt,
das dir in der Tiefe des Augenblicks sagt:
Du bist unendlich wertvoll,
dein Leben hat einen Sinn?

Hast du schon einmal
in der Nähe eines Menschen gespürt,
dass alle Angst und Last von dir wich,
und du beschwingt deinen Weg gehen konntest,
als hättest du Flügel bekommen?
Wenn du solches erlebt hast,
ist dir ein Engel begegnet.

Christa Spilling-Nöker

# *Stimme des Kindes*

Ein schlafend Kind! o still! in diesen Zügen
Könnt ihr das Paradies zurückbeschwören;
Es lächelt süß, als lauscht' es Engelschören,
Den Mund umsäuselt himmlisches Vergnügen.

O schweige Welt, mit deinen lauten Lügen,
Die Wahrheit dieses Traumes nicht zu stören!
Laß mich das Kind im Traume sprechen hören,
Und mich, vergessend, in die Unschuld fügen!

Das Kind, nicht ahndend mein bewegtes Lauschen,
Mit dunklen Lauten hat mein Herz gesegnet,
Mehr als im stillen Wald des Baumes Rauschen;

Ein tiefres Heimweh hat mich überfallen,
Als wenn es auf die stille Heide regnet,
Wenn im Gebirg die fernen Glocken hallen.

NIKOLAS LENAU (1802–1850)

## *An den Engel*

Wenn mich alle Liebe lässt,
Engel, halte du mich fest.

Vorersehn und beigesendet,
eh die Mutter mich empfing,
nun der Letzte von mir ging,
Engel, eh dein Amt sich endet,

Worte gib, dich zu beschwören,
Worte, dass dir nichts verbleibt,
als den Rufer zu erhören,
den der Strom ins Dunkel treibt.

Bruder Engel, jede Nacht,
eh mich noch Dämonen fingen,
haben, Hüter, deine Schwingen
Morgenröten angefacht.

Hast mich nie allein gelassen,
hast nur Blick und Hand geführt
in Entzückung und Gefahr.

Immer hab' ich dich gespürt,
auch wo, deine Hand zu fassen,
meine Hand zu kraftlos war.

Hast mich brüderlich getragen
hast an schroffer Felsenwand
Stufen mir herausgeschlagen,
Strick und Kugeln abgewehrt;
Mauern meinem Gang gespalten,
und wie oft ich dich beschwert,
immer mir die Treu gehalten,
unbedankt und ungegrüßt.

Engel, sei du mein Geleit,
alle Straßen dämmern wüst.
Engel, reiß mich aus der Zeit.
Engel, führ mich, wie es sei,
einmal noch. Dann bist du frei.
Nimm von meiner Brust den Stein.
Lass mich, Engel, nicht allein.

Werner Bergengruen (1892–1964)

# An meinen Engel

An keinem Tag durft' ich dich schauen,
doch war ich da und dort gewiss,
dich an meiner Seite zu haben.
Einmal lenktest du das Steuer
und brachtest unseren schlingernden Wagen
sicher aus der drohenden Gefahr.
Einmal fuhrst du mit uns
im entgleisenden Zug.
Einmal hieltest du mich fest
auf einem stürzenden Baum.
Fünfmal und öfter gingst du mit mir
zu Menschen, die mir Feind,
und stiftetest Frieden.
Nimm dafür Dank entgegen und hilf,
dass ich auf dem Wege Christi bleibe,
getreu meinem Herrn, der mich erlöst,
zugewandt den Menschen,
für die ich Verantwortung trage.
Bei dir kommt mir eine Ahnung
des Lichtes, der Freude,
des Friedens von oben.
Sei mein Geleiter
vom Tod in das Reich des ewigen Lebens.

Alfons Bungert

## *Tagesthemen*

Warum verschweigen
Zeitung und Nachrichtensprecher
den Schutzengel
der heute dabei war
mitten im Chaos
Und den Mut
der täglich geprobt wird
mitten im Alltag
Den festen Händedruck
der Freundschaft besiegelt
mitten in Krisen
Warum verschweigen sie
Wolken und Sterne
den Wind der nicht aufhört
zu säen
Selbst Nachtigallen
soll es noch geben

Anne Steinwart

# *Gott kann Menschen als Engel gebrauchen*

Die Schriftstellerin Charlotte Keyser erzählt von ihren Begegnungen mit Agnes Miegel. Sie schildert ein denkwürdiges Erlebnis aus dem Leben der ostpreußischen Dichterin.

Es war an einem hellen Sommertag. Agnes Miegel reiste nach Augsburg. In Ulm unterbrach sie die Reise, um das Münster anzusehen. Aber als sie in die Küsterei kommt, sagt der Küster: »Eine Führung kann ich heute Vormittag nicht mehr machen. Ich muss mit dem Pfarrer zu einer Beerdigung fahren.« – »O, wie schade, ich hatte mich so gefreut.« – »Naja«, sagt der Küster, »ich mache Ihnen einen Vorschlag. Ich schließe Sie im Münster ein und sage meiner Frau Bescheid, dass sie Sie nach einer angemessenen Zeit rauslässt.«

Das ist der Dichterin sehr lieb. Allein, in aller Ruhe und Stille und viel Zeit, die Schönheit und Atmosphäre der Kirche auf sich wirken zu lassen – besser kann sie es sich nicht wünschen. – Viel Zeit? Ja, sehr viel Zeit! Aus halben Stunden werden Stunden. Das hohe Gewölbe strömt Kühle aus, sie friert in ihrem dünnen Sommerkleid, sie wird hungrig und durstig. Nichts geschieht. Da endlich, drei Uhr ist es geworden, knirscht der Schlüssel im Schloss. Die Küsterin kommt mit einer Touristin den Mittelgang herauf. »Gott sei Dank, dass Sie endlich kommen! Hat Ihnen der Küster denn nicht Bescheid gesagt? Er musste zu einer Beerdigung.« – »Einer Beerdigung? Es waren zwei. Da hat er natürlich vergessen, mir Bescheid zu sagen.« – »Nun, jetzt sind Sie ja da. Bitte lassen

Sie mich schnell raus. Wenn ich mich beeile, kriege ich meinen Zug noch.« – »Jetzt sofort? Nein! Gerade habe ich abgeschlossen. Jetzt laufe ich nicht wieder zurück.« – »Aber ich bin doch schon stundenlang hier drin. Ich muss doch meinen Zug haben!« Die Küsterin bleibt stur: »Ich werde mich beeilen. Haben Sie so lange ausgehalten, wird Ihnen doch wohl die kleine Verzögerung nichts ausmachen.« Agnes Miegel sinkt auf eine Bank nieder. Es hilft nichts, sie muss warten. Aber sie ist nun doch sehr ärgerlich. Sie weiß, der Zug ist abgefahren.

Als sich endlich das Portal für sie öffnet, eilt sie zur Bahnauskunft: »Wann fährt der nächste Zug nach Augsburg?« – »Augsburg? Heute wohl nicht mehr.« – »Aber es ist doch erst Nachmittag, es wird doch wohl noch eine Verbindung mit Augsburg geben?« – »Ja, wissen Sie denn nichts von dem schweren Unglück, das sich auf dieser Strecke ereignet hat? Der Zug ist entgleist. Alle Insassen sind tödlich verletzt. Nur ein Waggon, in dem Studenten reisten, blieb stehen.« Wie ein elektrischer Schlag trifft sie die Nachricht: »Alle Reisenden tot« – und ich bin gerettet. Die Kirche hat mich gerettet. Nein, die Vergesslichkeit des Küsters. Nein, die unfreundliche Sturheit der Küsterin. Nein, gerettet hat mich doch wohl Gottes Engel.

Um Mitternacht gelangt sie nach Augsburg und klingelt an der Tür des Hotels, in dem sie ein Zimmer bestellt hat. Ein Hausmädchen öffnet. »Ich bin Agnes Miegel, ich …« Schreiend schlägt das Mädchen die Tür zu und rennt weg. Nach kurzem öffnet sich die Tür wieder. Der Hotelbesitzer steht da. »Ich bin es wirklich«, sagt Agnes Miegel, »nicht mein Geist.« – »Mein Gott«, sagt der Mann, »mein Gott! Wir wussten, dass Sie in dem verunglückten

Zug sein mussten und dass es außer den Studenten keine Überlebenden gibt. Und nun stehen Sie da! Kommen Sie, kommen Sie herein.« Und Agnes Miegel tritt in die Geborgenheit des Hauses.

Gott kann Menschen als Engel gebrauchen. Gott kann sogar menschliches Versagen zu Engelwirken machen. Gottes Möglichkeiten sind unbegrenzt. Dieser Gedanke muss uns geleiten, wenn wir von den Engeln reden und über sie nachdenken wollen.

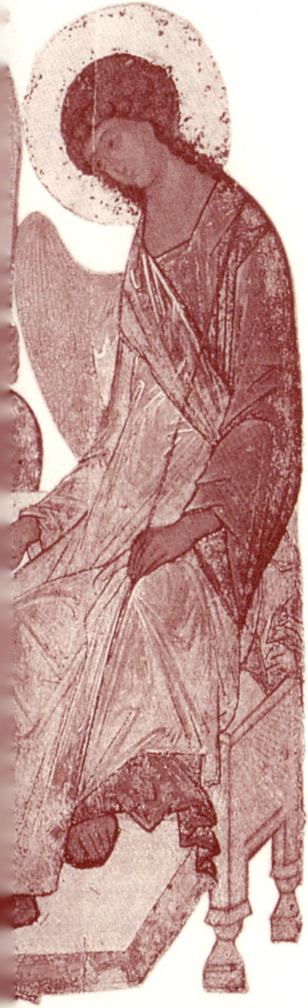

# *Einen Engel wünsch ich dir –*

## *Engel in Menschengestalt*

Der Engel ist ohne Namen.
Aber in jeder Stunde
kann es geschehen,
dass er deinen Namen trägt.

VERFASSER UNBEKANNT

# *Engel – Gäste an meinem Tisch*

Abraham blickte auf und sah vor sich drei Männer stehen. Als er sie sah, lief er ihnen vom Zelteingang aus entgegen, warf sich zur Erde nieder und sagte: »Mein Herr, wenn ich dein Wohlwollen gefunden habe, geh doch an deinem Knecht nicht vorbei! Man wird etwas Wasser holen; dann könnt ihr euch die Füße waschen und euch unter dem Baum ausruhen. Ich will einen Bissen Brot holen, und ihr könnt nach einer kleinen Stärkung weitergehen ...«

GENESIS 18,2–5A

Vergesst die Gastfreundschaft nicht;
denn durch sie haben einige,
ohne es zu ahnen,
Engel beherbergt.

HEBRÄER 13,2

Wir sind Engel
mit nur einem Flügel.
Um fliegen zu können,
müssen wir uns umarmen.

LUCIANO DI CRESCENDO

# *Die Engel, meine Brüder*

Ich verstehe sehr wohl, dass es für viele schwer ist, an Engel zu glauben. Für mich allerdings ist es sehr leicht. Ich sehe in der Schöpfung die Gesteine, die Pflanzen, die Tiere, den Menschen. Und es scheint mir zwischen dem Menschen und Gott Raum für Geschöpfe zu sein, die uns Brüder und Schwestern im Geiste sind, aber nicht die Schwere unseres Leibes haben. Ich verstehe die Engel, meine Brüder, so gut, dass ich meinem Engel einen Namen gegeben habe. Es ist nicht sein eigentlicher Name, den ich ja nicht kenne. Ich habe ihm den gleichen Namen gegeben, den mir meine Mutter gab, wenn sie mit mir recht zufrieden war. Sie sagte dann: »Nur-Mut-Jose!«

Dom Helder Camara (1909–1999)

# *Wie Engeln Flügel wachsen*

»Haben alle Engel Flügel?«, frage ich meinen Engel, der mich gestern besuchte.

»Ja«, sagt er. »Aber nicht alle Engel können fliegen.«

»Wieso nicht? Wenn sie schon Flügel haben!«

»Es kommt darauf an, wer ihnen die Flügel wachsen lässt«, sagt mein Engel. »Schau mich an!«

Ich mustere ihn und bin verblüfft. »Du hast ja gar keine Flügel. Wie kann ich dann darauf kommen, dass du ein Engel bist?«

Er lächelt mich ein kleines bisschen spöttisch an. »Selbstverständlich habe ich Flügel. Aber erst, wenn du an mich denkst, wenn ich dir im Traum erscheine.«

»Durch meine Gedanken wachsen dir Flügel?«

»Ja.« Er nickt eifrig und aufmunternd.

»Also darfst du nicht da sein, damit die Flügel aus den Achseln sprießen?«

»So ist es. Ich muss fort sein und von deinen Gedanken getragen werden, deiner Sehnsucht nach mir, weil du mich magst.«

»Ich mag dich, Engel«, sage ich und versuche, ihn zu umarmen. Doch er ist schon fort, und alle meine Gedanken hasten ihm nach. Jetzt fliegt er, mein Engel, denke ich.

Peter Härtling

## *Das kann ein Engel gewesen sein*

Hände wie deine,
wie du sein Gesicht,
und blickt er dich an,
dann erkennst du ihn nicht.

Viel später fällt dir ein:
Das kann ein Engel,
wirklich, ein Engel gewesen sein!

Hände wie deine,
wie du sein Gesicht.
Und er kommt von Gott,
und du weißt es noch nicht
und wirst nie sicher sein.

Das kann ein Engel,
wirklich, ein Engel gewesen sein.

Rolf Krenzer

# *Erst als ich Ausschau hielt*

Solange ich,
angewiesen auf niemand,
mir selbst genug war,
in guten Tagen,
begegnete ich ihm niemals.
Ich hatte ihn glatt verleugnet.

Erst als ich,
meiner selbst nicht mehr sicher,
eingeklemmt zwischen
den Trümmern eigener Kraft,
meinen Antworten misstraute
und Ausschau hielt
nach der Nähe eines Menschen,
reichte er mir Worte und Hände,
Werkzeuge hilfreicher Botschaft,
in der leicht zu übersehenden Gestalt
meines Nachbarn.

Christian Weber

# *Da fiel ihm der Engel ins Wort*

Ein junger Mann betrat einen Laden. Hinter der Ladentheke sah er einen Engel. Hastig fragte er ihn: »Was verkaufen Sie, mein Herr?« Der Engel gab ihm freundlich zur Antwort: »Alles, was Sie wollen.«
Der junge Mann sagte: »Dann hätte ich gerne: das Ende der Kriege in aller Welt; mehr Gesprächsbereitschaft; Beseitigung der Elendsviertel; Ausbildungsplätze für Jugendliche; mehr Zeit der Eltern, um mit ihren Kindern zu spielen …«
Da fiel ihm der Engel ins Wort und sagte: »Entschuldigen Sie, junger Mann. Sie haben mich verkehrt verstanden. Wir verkaufen hier keine Früchte. Wir verkaufen nur den Samen.«

Anthony de Mello (1931–1987)
Nacherzählt von Willi Hoffsümmer

Einen Engel
erkennen wir meist,
wenn er wieder
gegangen ist.

Aus der jüdischen Mystik

## »Wollen Sie nicht Platz nehmen?«

Ich war am Odeonsplatz und hätte notwendig ein Taxi gebraucht. Plötzlich steht da einer, nein, ein Privatwagen. Der Mann am Steuer steigt aus und sagt: »Wollen Sie nicht Platz nehmen?«

Ich kenne ihn nicht und frage: »Ja, wie? Wieso sind Sie hier und laden mich ein?«

Darauf er: »Sie wissen doch, der unsichtbare Fahrplan!«

Ich bin eingestiegen, wurde hingebracht, wohin ich wollte.

Romano Guardini (1885–1968)

# *An die Engel meiner erwachsenen Kinder*

Ich spreche mit den Engeln meiner erwachsenen Kinder.
Seid ihr immer noch bei ihnen und habt ihre Wünsche in euren Händen?
Wisst ihr etwas von ihrer kampferfüllten Einsamkeit?
Und wenn sie nun euch und das Leben überhaupt ablehnen, wendet ihr euch dann ab und grollt ihnen?
Sie brauchen euch, mehr noch als damals, als sie klein waren, sie brauchen euch ganz dringend.
Denn die Jugend ist die schwerste Zeit.
Alles muss eigenhändig geregelt werden, man muss sich freikämpfen, alles selbst durchdenken, und von den Engeln will man nichts wissen.
O ihr Engel meiner erwachsenen Kinder!
Eine Mutter darf nicht länger eingreifen – aber ihr dürft. Eine Mutter darf nicht länger Rat geben, aber eure Weisheit kommt von Gott.
Bleibt bei meinen erwachsenen Kindern, ihr Engel!
Helft ihnen, im Gestrüpp zu wandern und den rechten Weg zu finden, ihren Weg!

Aus dem Schwedischen von Ernst Hansen

# *Welcher Engel wird uns sagen ...*

T: Wilhelm Willms
M: Peter Janssens

1. Welcher Engel wird uns sagen, dass das Leben weitergeht, welcher Engel wird wohl kommen, der den Stein vom Grabe hebt?
Wirst du für mich – werd ich für dich der Engel sein?

2. Welcher Engel wird uns zeigen, wie das Leben zu bestehn? Welcher Engel schenkt uns Augen, die im Keim die Frucht schon sehn?
Wirst du für mich – werd ich für dich der Engel sein?

3. Welcher Engel öffnet Ohren, die Geheimnisse verstehn?
Welcher Engel leiht uns Flügel, unsern Himmel einzusehn?
Wirst du für mich – werd ich für dich der Engel sein?

Aus: Meine Lieder, 1992

# *Bei kranken Menschen*

Bei kranken Menschen
braucht es Engel,
die man nicht bemerkt,
wenn sie helfen,
aber vermisst,
wenn sie fehlen.

Chiara Lubich

# *Der Engel bei Bolt an der Ecke*

Der Engel bei Bolt an der Ecke,
der hat heute viel zu tun:
Die Kinder vom Stadtrandviertel,
die rennen auf raschen Schuhn.

Sie laufen hinter dem Ball her,
der Ball, der rollt und rollt.
Doch die Autos sieht nur der Engel,
Der steht, wie gesagt, bei Bolt,

bei Bolt, dem Schuhwarenladen,
da steht der Engel und wacht.
Er schwingt seinen Stock und gibt auf
die spielenden Kinder acht.

Man weiß, er heißt Gottlieb Zille
und sieht auch genau so aus,
mit Bart und Zigarre und Brille:
der Rentner vom Hinterhaus.

Rudolf Otto Wiemer

# *Das Unerwartete bricht ein*

Ich möchte von einem Maler erzählen, der eigentlich gar keiner hätte sein dürfen. Er ist nämlich Jude, und für Juden gilt das biblische Gebot: »Du sollst dir kein Bildnis noch irgendein Gleichnis machen«, weder von Gott noch von sonst irgendeinem im Himmel und auf Erden. Und doch, Marc Chagall folgte einem Ruf, der ihn über die Grenze dieses Gebotes hinausführte. Und er malte und malt eigentlich alles, was im Himmel und auf Erden ist, selbst Engel. Die Chagallschen Engel … Unzählige hat er gemalt. Wie sie das Widderhorn, das Horn des Heils, blasen. Wie sie, vielfach beflügelt, Licht in eine dunkle, trostlose Welt bringen. Paradiesengel, Todesengel, Schutzengel – ihre Zahl nimmt kein Ende bei Chagall. Ist das nun ein Maler der kindlichen Glaubensmärchen, der frommen Illusionen einer Welt von gestern? Nein, Marc Chagall malt seine eigenen Erfahrungen, wie er selbst erzählt.

Das war in seiner Petersburger Lehrzeit, in der er sich bitterarm durchschlagen musste. Er erzählt. »Meine Mittel erlaubten mir nicht, ein Zimmer zu mieten; ich musste mich mit Zimmerecken begnügen. Ich hatte nicht einmal ein Bett für mich allein. Ich musste es mit einem Arbeiter teilen. Er war wirklich ein Engel, dieser Arbeiter mit dem tiefschwarzen Schnurrbart. Aus lauter Freundlichkeit zu mir drückte er sich ganz gegen die Wand, damit ich mehr Platz hätte. Ich lag, ihm den Rücken zukehrend, mit dem Gesicht zum Fenster und atmete die frische Luft. In diesem Zimmer, mit Arbeitern und Straßenhändlern als Nachbarn, blieb mir nichts anderes übrig, als mich auf den Bettrand zu legen und über mein Leben zu grübeln. Worüber sonst? Und Träume suchten mich heim: ein viereckiges Zimmer, leer. In einer Ecke ein Bett und ich darin. Es wird dunkel. Plötzlich öffnet sich die Zimmerdecke und ein geflügeltes Wesen schwebt hernieder mit Glanz und Gepränge und erfüllt das Zimmer mit wogendem Dunst. Es rauschen die schweifenden Flügel. Ein Engel, denke ich. Ich kann die Augen nicht öffnen, es ist zu hell, zu gleißend. Nachdem er alles durchschweift hat, steigt er empor und entschwindet durch den Spalt in der Decke, nimmt alles Licht und Himmelsblau mit sich fort. Dunkel ist es wieder. Ich erwache.«

Von zwei verschiedenen Engeln spricht Chagall. Der eine ist der freundliche Arbeiter mit dem schwarzen Schnurrbart, ein realer Mitmensch. Der andere ist ein Traumengel, der unerwartet in die dunkle Stube einbricht und das Licht bringt. Dieses Licht hat den Maler nie wieder verlassen. Es lebt in allen seinen Bildern.

Solche Erfahrungen sind kostbar. Ich denke, sie sind häufiger, als wir oft ahnen. Da bricht in die Dunkelheit eines Menschenlebens ein Licht ein, ein Wärmestrahl, und alles wird anders. Und es erklingt eine Botschaft, die die wahre Engelsbotschaft ist: »Fürchte dich nicht, ich bin bei dir.« Wie oft heißt es in den biblischen Geschichten: »Fürchte dich nicht!« Denn wir haben wohl allen Grund und Anlass zur Angst in dieser Welt. Wenn aber jemand vom Licht getroffen ist, wenn dieses »Fürchte dich nicht!« erklungen ist, dann strahlt das aus auf andere, auf uns, die wir im Dunkel sitzen. Und unser Leben wird heller und wärmer. Ein Engel kommt nie vergebens.

Wolfgang Herrmann

# *Engel stützen eine Brücke*

So lesen wir es in einer alten Chronik:
In jenen Jahrhunderten, da in unserm Reiche die Mauren herrschten, lebte in Játiva ein frommer Bischof, der wegen seiner milden und menschenfreundlichen Art bei Christen und Heiden beliebt war. Aber gerade diese versöhnliche Haltung war jenen unter den Mauren ein Ärgernis, die sich durch Fanatismus hervortaten. So beschlossen sie denn, diesen Bischof, der unter verschiedenen Namen geführt wird, umzubringen.
Man sagt, dass sie sich folgenden Plan ausgedacht hätten: Sie wollten eine Brücke, die aus Holz gebaut war und die der Bischof auf seinen Reisen zu benutzen pflegte, ansägen, bevor er sie überquerte, sodass sein Wagen in eine Schlucht stürzen musste.
Diesen Plan führten sie auch aus. Sie erkundigten sich über die Reisepläne des Bischofs, und nachdem sie erfahren hatten, wann er reisen und welche Strecke er fahren wollte, schlichen sie sich nachts heimlich zu dieser Brücke.
Sie sägten sie so an, dass sie wohl die Last eines einzelnen Mannes – auch eines Reiters – zu tragen vermochte, dass aber ein mit mehreren Pferden bespannter Wagen unvermeidlich abstürzen musste.
Und als am nächsten Tag der Bischof abreiste, folgte ihm unauffällig auch ein Trupp maurischer Reiter. Dieser sollte den Brükkensturz verfolgen und den Bischof, falls er den Absturz überlebt haben sollte, töten.
Doch Gott hatte es anders bestimmt. Er sandte am Morgen eine Schar von Engeln, die sich unsichtbar zur Brücke begaben und sie

an jenen Stellen stützten, wo die Mauren sie angesägt hatten. Die Engel waren unsichtbar, nur ein lichter Schein ging von ihnen aus.

Und als der Wagen mit den Maultieren zur Brücke kam, war nichts zu sehen, was aufgefallen wäre. Der Bischof überquerte ohne Zwischenfall die Schlucht und setzt an der anderen Seite seine Reise fort.

Die Gruppe der maurischen Reiter war dem Bischof aus der Ferne gefolgt. Sie waren jedoch so weit zurück, dass sie die Überfahrt des Wagens mit den Maultieren über die Brücke nicht zu erkennen vermochten. Sie hatten allerdings erwartet, den Lärm der zusammenbrechenden Brücke und des stürzenden Wagens zu hören. Doch hörten sie nichts.

So ritten sie an die Brücke heran und sahen mit Verwunderung, dass sie nicht eingestürzt war.

Inzwischen hatten die Engel ihren Platz unter der Brücke verlassen und waren in die Reiche des Himmels zurückgekehrt.

Die Mauren ritten nun mit ihrem ganzen Trupp auf die Brücke, um die Verfolgung des Bischofs aufzunehmen. Doch auf der Mitte der Brücke angelangt, stürzte diese mit großem Getöse zusammen und begrub alle Mörder unter sich in der tiefen Schlucht.

Ein Hirte hat das alles aus der Ferne beobachtet, und von ihm wissen wir das Geschehene; denn er war begnadet, und so hatte er die Engel bei ihrem Kommen, ihrem Stützen und ihrem Wegfliegen gesehen.

Aus dem Spanischen von Felix Kaplinger

## *Der Engel von Rehe*

Rehe ist ein kleines Dorf im Westerwald mit etwa 745 Einwohnern. Im Jahr 1985 kam es dort beinahe zu einem Unglück, als ein Lastwagen mit hoher Geschwindigkeit in die Ortsmitte fuhr, wo zur gleichen Zeit ein Kinderwagen über die Straße geschoben wurde. Ein Zusammenstoß schien unvermeidlich. Da rannte ein elfjähriges Mädchen herbei, griff blitzschnell in den Kinderwagen und riss das Kind heraus. Das Kind war verletzt, aber es lebte und wurde später wieder gesund. Der Kinderwagen lag zertrümmert auf der Straße. Ein »Engel« hatte eingegriffen. Der LKW-Fahrer blieb vor der furchtbaren Anklage bewahrt, ein Kind getötet zu haben.

Waldemar Ziegler

## *Der tut, was du nicht kannst*

Gott kann sich
an deine Seite stellen
oder kann dir
einen Engel neben dich geben,
der tut,
was du nicht kannst.

Christoph Blumhardt (1842–1919)

# *Einen Engel wünsch ich dir –*

## *Im Tod ist keiner ganz allein*

Das Grab ist nicht tief.
Es ist die Spur vom Fuß des Engels,
der dich sucht.

JEAN PAUL (1763–1825)

# *Meine Mutter*

War sie der große Engel,
Der neben mir ging?

Oder liegt meine Mutter begraben
Unter dem Himmel von Rauch –
Nie blüht es blau über ihrem Tode.

Wenn meine Augen doch hell schienen
Und ihr Licht brächten.

Wäre mein Lächeln nicht versunken im Antlitz,
Ich würde es über ihr Grab hängen.

Aber ich weiß einen Stern,
Auf dem immer Tag ist;
Den will ich über ihre Erde tragen.

Ich werde jetzt immer ganz allein sein
Wie der große Engel,
Der neben mir ging.

Else Lasker-Schüler (1869–1945)

# *Lass mich, Engel, nicht allein*

Lass mich, Engel, nicht allein,
wenn die letzte Nacht sich rötet.
Dass den Tod das Leben tötet,
präge jeder Ader ein.
Engel, lass mich nicht allein.

Lass mich, Engel, nicht allein,
wenn die letzten Wasser springen,
bis an Kinn und Lippen dringen,
wandle sie in Hochzeitswein.
Engel, lass mich nicht allein.

Lass mich, Engel, nicht allein;
Alle Freunde sind im Weiten,
keiner kann mich mehr begleiten,
Du, nur du darfst bei mir sein:
Engel, lass mich nicht allein.

Werner Bergengruen (1892–1964)

# *Wenn es so weit sein wird mit mir …*

Wenn es so weit sein wird mit mir,
brauche ich den Engel in dir.

Bleibe still neben mir in dem Raum,
jag den Spuk, der mich schreckt, aus dem Traum,
sing ein Lied vor dich hin, das ich mag,
und erzähle, was war manchen Tag.

Zünd ein Licht an, das Ängste verscheucht,
mach die trockenen Lippen mir feucht,
wisch mir Tränen und Schweiß vom Gesicht,
der Geruch des Verfalls schrecke dich nicht.

Halt ihn fest, meinen Leib, der sich bäumt,
halte fest, was der Geist sich erträumt,
spür das Klopfen, das schwer in mir dröhnt,
nimm den Lebenshauch wahr, der verstöhnt.

Wenn es so weit sein wird mit mir,
brauche ich den Engel in dir.

Text: F. K. Barth und P. Horst,
aus: »Uns allen blüht der Tod«, 1979

## *Der Engel am Tor*

Das Wort ist verstehbar. Wer
Ja sagt, meint Ja, und
Ich liebe bedeutet: jetzt und
für ewig.

Der Zorn brennt langsam. Die
Hand des Armen ist nie ohne
Brot. Geschosse werden im Flug
gestoppt.

Der Engel steht abends am Tor. Er
hat gebräuchliche Namen und
sagt, wenn ich sterbe:
Steh auf.

Rudolf Otto Wiemer

# *Lobpreis der Engel*

Wenn dann schließlich die Seele am Jüngsten Tag ihr geliebtes Kleid, das Gewand des Leibes, zurückerhalten hat, dann wird sie mit den Engeln Gottes Herrlichkeit von Angesicht zu Angesicht vollkommen erschauen. Was danach aber geschehen wird, davon werden aufs Neue die Engel zu Lobgesängen entflammt, so wie sie auch am ersten Schöpfungstage bereits durch den Sieg ihres Streites erleuchtet wurden. Denn nach dem Jüngsten Tag werden auch die Engel im Lobpreis Gottes erst vollendet. Sie werden ihr Loblied auf die neuen Wundertaten Gottes, auf den Menschen nämlich, anstimmen.

Hildegard von Bingen (1098–1179)

# Österlicher Friedhof

Keiner Stunde Verkündung
Wagt zu sagen: ich bin,
Sind doch im Garten der Gräber
Abend und Morgen dahin.

Kaum die Jahre bedürfen,
Dass man ihr Wandeln benennt,
Keiner der Schläfer da unten
Sommer und Winter erkennt.

Blumen nur bringen beständig
Leiseste Botschaft ans Licht –
Bis die Posaune des Engels
Stille und Sterben zerbricht.

Albrecht Goes

## *Lass dein lieb' Engelein*

Ach Herr, lass dein lieb' Engelein
am letzten End die Seele mein
in Abrahams Schoß tragen;
den Leib in sein'm Schlafkämmerlein
gar sanft ohn ein'ge Qual und Pein,
ruhn bis am Jüngsten Tage!

Alsdann vom Tod erwecke mich,
dass meine Augen sehen dich
in aller Freud, o Gottes Sohn,
mein Heiland und mein Gnadenthron!

Herr Jesus Christ,
erhöre mich, erhöre mich,
ich will dich preisen ewiglich!

Martin Schalling, 1569

## *Sieh den Engel*

Stark genug der Engel des Herrn,
auch dir den Stein hinwegzuwälzen
vom Ort, da er begraben ist
unter den Scherben
deiner Hoffnungen.

Stark genug der Engel des Herrn,
den Todesschatten
von deinem Antlitz zu nehmen,
zu lösen die Fessel
untröstlicher Trauer.
Nur einen Atemzug weit weg
der Engel des Herrn.

Antje S. Naegeli

# *Der Friedhofsengel*

Normalerweise machte Jessie um den Friedhof einen großen Bogen, besonders in der Dämmerung oder wenn es neblig war. Nachts würden sie keine zehn Pferde dorthin bringen. Seit Jessie einmal einen Film mit grusligen Szenen gesehen hatte, war ihr der Friedhof unheimlich geworden. Im Film waren in einer Mondnacht die Gräber aufgegangen, und Skelette waren aus den finsteren Höhlen geklettert. Nein – mit Gräbern wollte Jessie nichts zu tun haben!

Aber dann passierte es doch, dass sie sich einen Schubs gab und auf den Friedhof ging. Und daran war der Friedhofsengel schuld.

Jessie hatte vormittags in der Schule die Geschichte von den Engeln gehört, die in einer Winternacht zu den Hirten kamen und ihnen erzählten, dass das Christuskind geboren war. »Fürchtet euch nicht!«, sagten sie. »Denn siehe, ich verkündige euch eine große Freude!«

Da war Jessie der Engel eingefallen, von dem sie immer die Flügel über die Friedhofsmauer ragen sah, wenn sie auf der anderen Straßenseite vorbeiging. Was tat ein Engel auf dem Friedhof? Die Engel in der Heiligen Nacht bei den Hirten auf dem Feld konnte Jessie sich gut vorstellen: Sie freuten sich über die Geburt des Kindes; sie lachten und sangen. Und ihre Freude war so ansteckend, dass die Hirten gar nicht anders konnten, als sich gleich auf den Weg zum Stall zu machen.

Aber was hat ein Engel an einem so traurigen Ort wie einem Friedhof zu verkünden? Die Toten hören nichts, und auch das fröhlichste Engellied kann sie nicht wieder lebendig machen!
Jessie wollte der Sache auf den Grund gehen.
Und als die Mutter sie von der Schule abholte, bat Jessie sie, mit ihr über den Friedhof zu gehen. Es war ein sonniger, klarer Wintertag, und auf dem Friedhof war es überhaupt nicht unheimlich. Schnee hatte die Gräber und die Wege zugedeckt. Nur die Grabsteine ragten hervor. Amseln pickten rote Beeren von einem Busch.
Jessie und die Mutter gingen die alte Mauer entlang, bis sie schließlich vor dem Engel standen. Jessie ging so nahe an ihn heran, wie es die Einzäunung des Grabes erlaubte. Von vorn gesehen wirkte der Engel noch viel größer, als die Flügelspitzen vermuten ließen. Ein Schneekäppchen gab ihm ein lustiges Aussehen, obwohl sein Blick ziemlich traurig war. In der einen Hand hielt er einen Zweig, der aussah wie die Zweige von der Zimmerpalme zu Hause. Seine andere Hand, die wunderschön aus dem Stein herausgeformt war, hielt ein Medaillon. Darauf war das Foto einer jungen Frau mit einer altmodischen Frisur zu sehen. Die Frau hatte ein hübsches Gesicht. Sie lächelte.
»Kannst du dir denken, welche Geschichte der Engel erzählt, Jessie?«, fragte die Mutter.
»Klar kann ich das! Auf dem Stein da steht ein Name. So heißt bestimmt die Frau auf dem Bild. Dann steht noch da, wann sie geboren ist und wann sie gestorben ist. Stimmt's?«
»Ja, es stimmt. Du siehst, sie ist nicht alt geworden, nur zweiunddreißg Jahre alt.«

»Deshalb ist der Engel auch so traurig«, stellte Jessie fest.

»Aber er steht ganz gerade da, siehst du das?«, meinte Mutter. »Er ist nicht niedergedrückt, und er lässt seinen Kopf nicht hängen.«

Jessie fand das auch. Dieser große verschneite Engel in seinem weißen Gewand sah freundlich aus. Jessie fürchtete sich kein bisschen vor ihm.

»Manche Menschen glauben, dass ein Engel kommt, wenn jemand stirbt«, fuhr Mutter fort. »Dieser Engel nimmt die Seele des verstorbenen Menschen an der Hand und führt sie in den Himmel. Der Körper bleibt im Grab zurück und wird wieder zu Erde. Der Palmzweig bedeutet, dass das Leben immer weitergeht und nicht aufhört, auch dann nicht, wenn der Körper eines Menschen gestorben ist.«

Jessie guckte ein wenig ungläubig. Alles klang sehr ernst und sehr geheimnisvoll. Aber sie empfand eine große Erleichterung, als die Mutter ihr das erzählte. Mit einem Mal verschwand der ganze Friedhofsspuk aus ihrem Kopf. Diesen Engel könnte sie lieb gewinnen. Er war traurig und zugleich stark, fremd und zugleich vertraut.

»Irgendwann einmal wird die Trauer von der Freude und von neuem Lebensmut überstrahlt«, sagte die Mutter. »Das verkündet der Engel.«

Die beiden standen lange schweigend vor dem Grab.

»Komm, lass uns nach Hause gehen«, sagte die Mutter schließlich. »Sonst frieren wir noch fest!«

Sie nahm Jessie an der Hand und ging mit ihr den Weg zurück. Draußen vor dem Friedhof wandte Jessie sich um.

Die Flügel des Engels ragten über die Mauer. Jessie konnte nur die beiden Spitzen sehen. Auf der einen hatte sich eine Amsel niedergelassen und schaute ihnen nach.

Erhard Domay

# *Einen Engel wünsch ich dir –*

## *Von guten Mächten wunderbar geborgen*

Der Engel des Herrn
umschirmt alle,
die ihn fürchten und ehren,
und er befreit sie.

Psalm 34,8

# *Gebet*

Ich suche allerlanden eine Stadt,
Die einen Engel vor der Pforte hat.
Ich trage seinen großen Flügel,
Gebrochen schwer am Schulterblatt,
Und in der Stirne seinen Stern als Siegel.

Und wandle immer in die Nacht …
Ich habe Liebe in die Welt gebracht –
Dass blau zu blühen jedes Herz vermag,
Und hab ein Leben müde mich gewacht,
In Gott gehüllt den dunklen Atemschlag.

O Gott, schließ um mich deinen Mantel fest;
Ich weiß, ich bin im Kugelglas der Rest,
Und wenn der letzte Mensch die Welt vergisst,
Du mich nicht wieder aus der Allmacht lässt,
Und sich ein neuer Erdball um mich schließt.

Else Lasker-Schüler (1869–1945)

## *Besser als alles Licht*

Ich sagte zu dem Engel,
der an der Tür
des neuen Jahres stand:
»Gib mir ein Licht, dass ich sicher
in das Unbekannte schreiten kann.«
Der Engel gab mir zur Antwort:
»Geh hinaus in die Dunkelheit,
und lege deine Hand
in die Hand Gottes.
Das ist besser als jedes Licht
und sicherer als alle bekannten Wege.«

Aus China

# *Erfüllung*

Nun wird der Engel, der die Tage segnet,
Dich tiefer lieben und gewisser leiten.
Zu dieser Stunde bist du ihm begegnet.

Er kennt den Wirbel der entbrannten Zeiten,
Und eh' der Friede kühlend niederregnet,
Gibt er dir Kraft, in Flammen hinzuschreiten.

O könnte jeder diese Zeit begreifen,
Da ungeduldig, wider das Verstehen
Der dumpfen Menschheit taube Früchte reifen!

Du aber wirst die Engel um dich sehen,
Und wenn dich nächtens ihre Flügel streifen,
Ist Gottes Wunder auch an dir geschehen.

Siegbert Stehmann

## Jüdisches Gebet

Siehe, der Hüter Israels
schläft noch schlummert nicht.
Zu meiner Rechten Michael
zu meiner Linken Gabriel,
hinter mir Rafael,
vor mir Uriel,
und über meinem Haupt
die Gegenwart Gottes.

## Hausspruch

Der Engel des Herrn
segne dieses Haus,
und denen, die dort eintreten
oder hinausgehen,
schenke er Frieden.

## *Reisesegen*

Den Weg des Friedens
führe uns der allmächtige
und barmherzige Herr.
Sein Engel geleite uns auf den Weg,
dass wir wohlbehalten heimkehren
in Frieden und Freude.

# *Fürbitte*

Gott, sende deine Engel,
dass sie alle dunklen Mächte vertreiben.

Gott, sende deine Engel,
dass sie uns beschützen auf unseren Wegen.

Gott sende deine Engel,
dass sie unsere traurigen Herzen heilen.

Gott sende deine Engel
dass sie deinen Frieden in alle Länder bringen.

Gott, sende deine Engel,
dass sie den Politikern Wege weisen zu Gerechtigkeit.

Gott, sende deine Engel,
dass sie uns hineinnehmen in ihren Lobgesang.

Gott, sende deine Engel,
dass sie deine Worte verkündigen,
und lass uns deine Botinnen und Boten sein.

VERFASSER UNBEKANNT

# *Von guten Mächten treu und still umgeben*

Von guten Mächten treu und still umgeben,
behütet und getröstet wunderbar,
so will ich diese Tage mit euch leben
und mit euch gehen in ein neues Jahr.

Noch will das alte unsre Herzen quälen,
noch drückt uns böser Tage schwere Last,
ach, Herr, gib unsern aufgescheuchten Seelen
das Heil, für das Du uns bereitet hast.

Und reichst Du uns den schweren Kelch, den bittern
des Leids, gefüllt bis an den höchsten Rand,
so nehmen wir ihn dankbar ohne Zittern
aus Deiner guten und geliebten Hand.

Doch willst Du uns noch einmal Freude schenken
an dieser Welt und ihrer Sonne Glanz,
dann wolln wir des Vergangenen gedenken,
und dann gehört Dir unser Leben ganz.

Lass warm und still die Kerzen heute flammen,
die Du in unsre Dunkelheit gebracht,
führ, wenn es sein kann, wieder uns zusammen.
Wir wissen es, Dein Licht scheint in der Nacht.

Wenn sich die Stille nun tief um uns breitet,
so lass uns hören jenen vollen Klang der Welt,
die unsichtbar sich um uns weitet,
all Deiner Kinder hohen Lobgesang.

Von guten Mächten wunderbar geborgen,
erwarten wir getrost, was kommen mag.
Gott ist mit uns am Abend und am Morgen
und ganz gewiss an jedem neuen Tag.

DIETRICH BONHOEFFER (1906–1945)
DEZEMBER 1944

# *Irischer Segen*

Der Engel Gottes sei vor dir,
um dir den rechten Weg zu zeigen.

Der Engel Gottes sei neben dir,
um dich in die Arme zu schließen
und dich zu schützen.

Der Engel Gottes sei hinter dir,
um dich zu bewahren
vor der Heimtücke böser Menschen.

Der Engel Gottes sei unter dir,
um dich aufzufangen, wenn du fällst,
und dich aus der Schlinge zu ziehen.

Der Engel Gottes sei in dir,
um dich zu trösten,
wenn du traurig bist.

# *Einer, der glücklich macht*

Eines sollen wir wissen:
Unsere Welt ist kein Gefängnis.
Sie ist offen, und immerfort kommen Kräfte
von Gott her zu uns.
Und wir sollen diese Kräfte einander zuleiten.
Das ist es, was wir meinen,
wenn wir von »segnen« sprechen.

»Ich will dich segnen,
und du sollst ein Segen sein«, sagt Gott.
Ich will dir die Kraft geben,
die du brauchst,
und du sollst sie weitergeben
und dabei selbst glücklich werden.

Du bist kein armer Erdenwurm,
sondern ein Engel.
Nimm das an.
Nimm es ernst.

Du bist ein Bote.
Einer, der glücklich macht.

Jörg Zink

## *Den Boten sei Dank*

Den Boten sei Dank,
dass sie die Nachricht nicht
für sich behielten;
was alle betrifft,
nicht geheim.

Den Hirten sei Dank,
dass sie der Botschaft nicht
den Rücken kehrten;
dass ihre Wissbegier
größer war als ihre Furcht.

Den Reisenden Dank,
dass sie den Zweck der Reise
nicht verschwiegen.
Zum Glück für uns.
So nahmen wir teil.

Den Eltern sei Dank,
weil sie der sonderbaren Offenbarung
still entsprachen,
sich finden ließen
im Stall – im Stall.

Der Eselin Dank,
weil sie retten half,
unwissend barg für alle Zeit
das Brot des Lebens,
den Becher des Heils.

Dem Menschensohn Dank,
weil er nicht floh,
als alle seine Freunde schliefen,
weil er den Tod
wie ein Sterblicher litt:
Dass er aufstand für uns.

Arnim Juhre

# *Textnachweis*

(zeitgenössische Autorinnen und Autoren in alphabetischer Reihenfolge)

*Reinhard Bäcker, Einen Engel wünsch ich mir.* © Hanne Bäcker.

*Friedrich Karl Barth , Peter Horst, Wenn es so weit sein wird mit mir,* aus: *Uns allen blüht der Tod,* 1979. Alle Rechte im Peter Janssens Musikverlag, Telgte/Westfalen.

*Werner Bergengruen, An den Engel,* aus: *Ders., Figur und Schatten.* Nymphenburger Verlag, München 1958. © N. Luise Hackelsberger, Neustadt. *Ders., Engel, lass mich nicht allein,* aus: *Ders., Gestern fahr ich Fische fangen.* Verlag Die Arche, Zürich 1992. © N. Luise Hackelsberger, Neustadt.

*Rudolf Bohren, Mit deinen Engeln komm,* aus: *Texte zum Weiterbeten.* Neukirchener Verlag, Neukirchen-Vluyn 1976.

*Dietrich Bonhoeffer, Von guten Mächten,* aus: *Ders., Widerstand und Ergebung.* © by Chr. Kaiser/Gütersloher Verlagshaus, Gütersloh.

*Friedhelm Borggrefe, Wer Sinn hat für das Leise,* aus: *Morgenandacht,* SWF 1 vom 18. Juli 1990. © Autor.

*Alfons Bungert, An meinen Engel,* aus: *Ders., Engel – Botschafter des Ewigen.* Echter Verlag, Würzburg 1984. © Autor.

*Barbara Cratzius, Die Boten Gottes,* aus: *Dies., Durch die Tage des Advents.* Sonnenweg Verlag, Neukirchen-Vluyn ²1989. © Autorin.

*Dom Helder Camara, Die Engel, meine Brüder* (Genaue Quelle war leider nicht zu ermitteln).

*Erhard Domay, Der Friedhofsengel,* aus: *Ders., Mein Engel hat immer Zeit für mich.* © Verlag Ernst Kaufmann, Lahr 1993.

*Eugen Eckert, Das Bekenntnis des Daniel,* aus: *Rock-Oratorium »Daniel«,* CD 1997. © Autoren.

*Max Frisch, Der Schutzengel,* aus: *Ders., Tagebuch 1946–1949.* © Suhrkamp Verlag, Frankfurt am Main 1950.

*Albrecht Goes, Lautespielender Engel,* aus: *Ders., Lichtschatten du.* Gedichte aus fünfzig Jahren. © S. Fischer Verlag, Frankfurt am Main 1978.
*Ders., Österlicher Friedhof,* aus: *Ders., Gedichte.* © S. Fischer Verlag, Frankfurt am Main 1950.

*Anselm Grün, Der Engel der Wärme,* aus: *Ders., 50 Engel für das Jahr.* Ein Inspirationsbuch. Verlag Herder, Freiburg im Breisgau $^{8}$2004 (Auszug).
*Ders., Engel des Trostes,* a. a. O.

*Romano Guardini, Der Fliegende,* aus: *Ders., Der Engel in Dantes Göttlicher Kommödie.* Dantestudien, Bd. 1, $^{3}$1995, 29f. Verlagsgemeinschaft Matthias-Grünewald, Mainz, und Ferdinand Schöningh, Paderborn. Alle Autorenrechte bei der Katholischen Akademie in Bayern, München.
*Ders., Du bist nicht allein,* aus: *Ders., Der Engel.* Drei Ansprachen, in: *Engel – Theologische Betrachtungen.* Topos Plus Taschenbuch 337. Matthias-Grünewald-Verlag, Mainz $^{4}$2000, 33. Alle Autorenrechte bei der Katholischen Akademie in Bayern, München.
*Ders., »Wollen Sie nicht Platz nehmen?«,* aus: *Ders., Stationen und Rückblicke.* Berichte über mein Leben. Verlagsgemeinschaft Matthias-Grünewald-Verlag, Mainz, und Ferdinand Schöningh, Paderborn $^{2}$1995. Alle Autorenrechte bei der Katholischen Akademie in Bayern, München.

*Peter Härtling, Wie Engeln Flügel wachsen,* aus: *Der bunte Hund.* Magazin für Kinder in den besten Jahren, Nr. 30. Hans Joachim Gelberg/Beltz Verlag, Weinheim/Basel 1995. © Autor.

*Manfred Hausmann, Verkündigungsengel,* aus: *Ders., Jahre des Lebens.* Neukirchener Verlag, Neukirchen-Vluyn 1974.

*Klaus Hemmerle, Vom Engel gestreift,* aus: *Ders., Dein Herz an Gottes Ohr – Einübung ins Gebet.* Verlag Neue Stadt, München/Zürich/Wien 1999.
*Ders., Das Lied der Engel,* a. a. O.

*Wolfgang Herrmann, Das Unerwartete bricht ein,* aus: *Engel – gibt's die?* Lahn-Verlag, Limburg 1984. © Autor.

*Arnim Juhre, Den Boten sei Dank,* aus: *Frieden will geboren sein.* Advents- und Weihnachtsgedichte. © Lutherisches Verlagshaus GmbH, Hannover 2001.

*Mascha Kaléko, An meinen Schutzengel,* aus: *Dies., In meinen Träumen läutet es Sturm.* Gedichte und Epigramme aus dem Nachlass, hg. u. eingel. v. Gisela Zoch-Westphal. © 1977 Deutscher Taschenbuchverlag, München.

*Felix Kaplinger, Engel stützen eine Brücke,* aus: *Ders., Wundersame Geschichten von Engeln.* Insel Taschenbuch 1226. Insel Verlag, Frankfurt am Main 1989. © Felix Kaplinger Erben.

*Marie Luise Kaschnitz, Nicht jeder erkennt sie,* aus: *Dies., Überallnie.* © Claasen Düsseldorf 1965.

*Charlotte Keyser, Gott kann Menschen als Engel gebrauchen,* zitiert von Elisabeth Baden, in: *Dies., Mitteilungsblatt des Pfarrfrauenbundes Neumünster,* Nr. 92, 1984.

*Peter Klever, Gottes Engel haben Stimme,* aus: *Ders., Dahinter schauen.* Verlag Ernst Kaufmann, Lahr 1984.

*Oliver Kohler, Engel sind Aufwecker,* aus: *Auszug aus einem Rundfunkessay.* © Autor.

*Johannes Kuhn, Engel,* aus: *Ders. (Hg.), Der Engel leuchtende Spuren.* © Gütersloher Verlagshaus, Gütersloh.

*Rolf Krenzer, Das kann ein Engel,* aus: *Ders., Weihnachten ist nicht mehr weit.* © Lahn-Verlag, Limburg–Kevelaer $^{3}$1989 (gekürzt).

*Else Lasker-Schüler, Meine Mutter,* aus: *Dies., Gedichte 1902–1943.*
© Suhrkamp Verlag, Frankfurt am Main 1996.
*Dies., Gebet,* a. a. O.

*Nikolaus Lenaus, Stimme des Kindes,* aus: *Nikolaus Lenaus Sämtliche Werke in einem Band,* hg. v. G. Emil Barthel. Verlag Philipp Reclam jun., Leipzig 1905.

*Gerhard Lohfink, Der Himmel hat schon begonnen,* aus: *Ders., Gottes Volksbegehren.* Biblische Herausforderungen. Verlag Neue Stadt, München/Zürich/Wien 1998.

*Chiara Lubich, Ja, wir sind glücklich, Herr,* aus: *Dies., Alle sollen eins sein.* Geistliche Schriften. Verlag Neue Stadt, München $^{2}$1999.
*Dies., Treuer und schweigender Freund,* a. a. O.

*Anthony de Mello, Da fiel ihm der Engel ins Wort,* nacherzählt von Willi Hoffsümmer, in: *Ders. (Hg.), Kurzgeschichten 1.* 255 Kurzgeschichten für Gottesdienst, Schule und Gruppe. Matthias-Grünewald-Verlag, Mainz $^{6}$1984.

*Antje S. Naegeli, Sieh den Engel,* aus: *Dies., Die Nacht ist voller Sterne – Gebete in dunklen Stunden.* Verlag Herder, Freiburg im Breisgau $^{16}$2003.

*Walter Nigg, Eine beispiellose Kraft,* aus: *Walter Nigg, Karl Gröning, Bleibt ihr Engel, bleibt bei mir.* Propyläen-Verlag. © 1978 Verlag Ullstein, Frankfurt am Main.
*Ders., Der gute Engel an meiner Seite,* a. a. O.

*Werner Reiser, Der Bote mit dem dunkelblauen Brief,* aus: *Ders., Das Angebot.* Friedrich Reinhardt Verlag, Basel 1981. © Autor.

*Hilde Roth, Engel,* aus: *Hans-Joachim Gelberg (Hg.), Was für ein Glück.* 1933 Beltz Verlag, Weinheim und Basel, Programm Beltz & Gelberg, Weinheim.

*Nelly Sachs, Chor der Tröster,* aus: *Dies., Fahrt ins Staublose.* Die Gedichte der Nelly Sachs. © Suhrkamp Verlag, Frankfurt am Main 1961.

*Reinhold Schneider, Der Engel,* aus: *Ders., Gesammelte Werke,* Bd. 5. © Insel Verlag, Frankfurt am Main 1981.

*Wilfried Schumacher, Wunschengel.* © Autor (Quelle leider nicht zu ermitteln).

*Uwe Seidel, Der strahlende Engel,* aus: *Michael Blum, Uwe Seidel, Das kleine Engelbuch,* [9]2003, S. 40f., © tvd-Verlag, Düsseldorf 1996.
*Ders., Der Engel des Lichts,* a. a. O., S. 4.

*Anna Six, Ein Engel als Brücke.* © Autorin.

*Dorothee Sölle, Zeig uns den Engel,* aus: *Luise Schottroff, Bärbel Wartenberg-Potter, Dorothee Sölle, Das Kreuz: Baum des Lebens.* Kreuz Verlag, Stuttgart 1987, 45f. © Fietkau-Verlag, Kleinmachnow.

*Christa Spilling-Nöker, Als hättest du Flügel bekommen,* aus: *Dies., Von einem Engel zart berührt.* Geschichten, Gedichte und Meditationen zur Weihnachtszeit. © Gütersloher Verlagshaus, Gütersloh.

*Siegbert Stehmann, Erfüllung,* aus: *Ders., Brennende Jahre.* Luther-Verlag, Bielefeld 1983. © Autor.

*Anne Steinwart, Die anderen Brücken,* aus: *Dies., Vom Engel, der die Welt verändern wollte.* Verlag am Eschbach 1996. © Autorin.
*Dies., Tagesthemen,* aus: *Dies., Wer hat schon Flügel?* Gedichte. Goldmann Verlag, München 1994. © Autorin.

*Rudolf Stertenbrink, Ein guter Rat,* aus: *Ders., In Bildern und Beispielen – Exemplarische Texte zur Besinnung.* Sonderausgabe Verlag Herder, Freiburg im Breisgau 1998.

*Christian Weber, Erst als ich Ausschau hielt,* aus: *Ders., Noch Zeit für Gedanken.* © Gütersloher Verlagshaus, Gütersloh.

*Lindolfo Weingärtner, Engel in meiner Nacht,* aus: *In Gott kommt unsere Zeit zum Ziel.* Erlanger Verlag für Mission und Ökumene, Erlangen 1997, 71f.

*Rudolf Otto Wiemer, Es müssen nicht Männer mit Flügeln sein,* aus: *Ders., Der Augenblick ist noch nicht vorüber,* Kreuz Verlag Stuttgart 2001. © Rudolf Otto Wiemer Erben, Hildesheim.
*Ders., Der Engel bei Bolt an der Ecke,* aus: *Ders., Der Engel bei Bolt an der Ecke.* GTB 200 Siebenstern, Gütersloher Verlagshaus, Gütersloh 1976. © Rudolf Otto Wiemer Erben, Hildesheim.
*Ders., Engel am Tor.* Auszug aus: *Entwurf für ein Osterlied,* aus: *Ders., Ernstfall.* Gedichte. Verlag J. F. Steinkopf, Stuttgart $^{3}$1989.

*Wilhelm Willms, Welcher Engel,* aus: *Meine Lieder,* 1992. Alle Rechte im Peter Janssens Musikverlag, Telgte/Westfalen.

*Waldemar Ziegler, Der Engel von Rehe.* Originalbeitrag. © Lydia Ziegler.

*Diethard Zils, Nur einen einzigen …* (Quelle unbekannt).

*Jörg Zink, Ich möchte ein Engel sein,* aus: *Ders., Meine Gedanken sind bei dir.* Kreuz Verlag, Stuttgart 1984, S. 11.
*Ders., Einer, der glücklich macht,* a. a. O., S. 42.

*»An die Engel meiner erwachsenen Kinder«,* aus dem Schwedischen von Ernst Hansen (Genaue Quelle leider unbekannt).

# *Bildnachweis*

S. 8–9: Fra Angelico da Fiesole (1387–1455), Madonna der Flachshändler, Flügelaltar; Musizierender Engel, Ausschnitt aus der Umrahmung des Mittelteils. Florenz, Museo di S. Marco (Bildarchiv Herder).

S.18–19: Fra Angelico da Fiesole (1387–1455), Verkündigung (zwischen 1437 u. 1445); Ausschnitt. Florenz, Museo di S. Marco (Bildarchiv Herder).

S. 32–33: Maestro del Bambino Vispo (1. Viertel 15. Jh.) Musizierende Engel; linker Seitenteil eines größeren Altars (Bildarchiv Herder).

S. 34–35: Verkündigung an die Hirten, Chauvigny 11. Jh. Foto: Zodiaque; Kunstverlag D-56653 Maria Laach, Nr. 21046.

S. 58–59: Fra Angelico da Fiesole (1387–1455), Krönung Mariens; Ausschnitt: Reigen der Engel. Florenz, Museo di S. Marco (Bildarchiv Herder).

S. 68–69: Ohne Titel, © Hemera 2001.

S. 74–75: Traum der Heiligen Drei Könige. Kapitell von Meister Giselbertus im Lapidarium der Kathedrale von Autun, um 1125 (Bildarchiv Herder).

S. 76–77: Fra Angelico da Fiesole (1387–1455), Engel in der Anbetung. Turin, Pinakothek (Bildarchiv Herder).

S. 88–89: Meister Francke, Anbetung des Kindes; Ausschnitt. Hamburg, Kunsthalle (Bildarchiv Herder).

S. 100–101: Gerbrandt van den Eeckhout (1621–1674), Jakobs Traum (1669); Ausschnitt. Dresden, Gemäldegalerie (Bildarchiv Herder).

S. 118–119: Andrej Rubljow (etwa 1360–1430), Dreifaltigkeitsikone – Philoxenia (Bildarchiv Herder).

S. 136–137: Gerbrandt van den Eeckhout (1621–1674), Jakobs Traum (1669); Ausschnitt. Dresden, Gemäldegalerie (Bildarchiv Herder).

S. 150–151: Meister der Nativitá di Castello (Umkreis), Gottvater mit Engeln, um 1440; Ausschnitt. München, Bayerische Staatsgemäldesammlungen (Inv.-Nr. 646).

## *Texte für jeden Tag*

Ludger Hohn-Morisch (Hg.)

FÜR JEDEN TAG EIN STÜCK VOM GLÜCK

*Ein Jahresbegleiter*

400 Seiten, gebunden mit Lesebändchen

ISBN 3-451-28427-8

Drei-Minuten-Texte für jeden Tag. Namhafte Autorinnen und Autoren sowie Dichter und Meister des Lebens aus der Weltliteratur helfen, jeden Tag ein Stück vom Glück auch dort zu suchen, wo man es nicht vermuten würde – und es zu erkennen, wenn es einem begegnet.

Anthony de Mello

WO DAS GLÜCK ZU FINDEN IST

*Weisheitsgeschichten für jeden Tag*

400 Seiten, gebunden mit Lesebändchen

ISBN 3-451-28401-4

Humorvoll, im Plauderton, doch aufweckend und provozierend schärft diese Minutenlektüre täglich den Blick für das Wesentliche. Ein modernes, lebensnahes Alltagsbrevier für Menschen, die bewusster leben und glücklich sein wollen.

Andrea Schwarz

UND JEDEN TAG MEHR LEBEN

*Ein Jahreslesebuch*

400 Seiten, Halbleinen, mit Lesebändchen

ISBN 3-451-28228-3

366 inspirierende Lebensimpulse von der Erfolgsautorin Andrea Schwarz. Die Texte handeln auf sehr persönliche Weise von Erfahrungen mit dem Glauben und machen Mut, dem eigenen Leben Zeit und Aufmerksamkeit zu schenken.

## *Spirituelle Impulse*

Anselm Grün
DEM ALLTAG EINE SEELE GEBEN
144 Seiten, Klappenbroschur
ISBN 3-451-28403-0
Nicht zufällig ist Anselm Grün im deutschen Sprachraum der heute am meisten gelesene spirituelle Autor. Wie keinem Zweiten gelingt es ihm, die Schätze der Tradition für die Gegenwart zu heben und zu übersetzen. »Dem Alltag eine Seele geben« versammelt Leitgedanken für ein vertieftes Leben gerade in der Normalität des Alltags.

Anselm Grün
JEDER TAG HAT SEINEN SEGEN
*Morgen- und Abendgebete für die sieben Tage der Woche*
128 Seiten, flexibler Einband, mit Lesebändchen
ISBN 3-451-28523-1
Morgen- und Abendgebete für jeden Tag der Woche und eine Einführung in das Vaterunser. Anselm Grüns Morgengebete öffnen einen frischen Blick auf den anbrechenden Tag, um sich dem Leben und seinen Herausforderungen zu stellen. Seine Abendgebete stimmen in eine Geborgenheit ein, die den beschlossenen Tag in größeren Händen gut aufgehoben weiß.

Henri Nouwen
NACH HAUSE FINDEN
*Wege zu einem erfüllteren Leben*
144 Seiten, gebunden, ISBN 3-451-28381-6
Die gebündelte Antwort des großen geistlichen Schriftstellers auf die menschlichen Existenzfragen: Es geht um die Erfahrung von Macht und Ohnmacht, von Frieden und Unfrieden, um die Erfahrung von Zeit und Vergänglichkeit, um die Realität des Lebens und Sterbens.

Judith Sixel (Hg.)
Und spürte die Nähe des Engels
*Die schönsten Geschichten und Gedichte zwischen Himmel und Erde*
160 Seiten, gebunden mit Lesebändchen
ISBN 3-451-28199-6
Diese Texte über die unsichtbaren, bisweilen aber spürbar nahen Helfer sind eine kleine Kostbarkeit. Denn sie drücken die Hoffnung und zugleich die Ahnung aus, von stillen Freunden begleitet zu sein, die größer sind als wir selbst und die ihre Hand schützend über uns halten.

Sascha Veitl
ABC des Glücks
*Der eigenen Seele Gutes tun*
ca. 144 Seiten, gebunden
ISBN 3-451-28492-8
Von »A« wie »Annehmen« bis »Z« wie »Ziele« entfaltet Sascha Veitl ein Alphabet des geglückten Lebens. Sein Buch macht Mut, den täglichen Stress loszulassen und sich dem Leben anzuvertrauen. Ein originelles Geschenk für alle, die sich selbst und anderen gönnen, der eigenen Seele etwas Gutes zu tun.

*Erhältlich in jeder Buchhandlung!*